KB202623

속사람 · 겉사람

한국상담심리연구원

속사람 · 겉사람

서문

 속사람과 겉사람! 이 지식이 너무도 신비스럽고 경이롭다. 속사람과 겉사람의 이야기에 별로 관심이 없는 사람들도 많을 것이다. 하지만 나는 콜롬부스가 아메리카 대륙을 발견한 것보다 더 놀랍다. 속사람은 무엇이고 겉사람은 무엇인가? 얼핏 생각하면 겉사람은 사람의 육체를 말하고 속사람은 마음을 뜻하는가 보다 하고 생각할런지 모른다.

 그러나 전혀 그렇지 않다. 속사람과 겉사람은 둘 다 마음이다. 사과 열매에 속살과 껍질이 있듯이 마음에도 속마음과 겉마음이 존재한다. 둘 다 보이지 않지만 다른 존재의 사람이고 전혀 다른 객체이다.

 하지만 두 존재는 마음속에서 때로 일치하기도 하고 분리하기도 하면서 함께 산다. 속사람은 하늘의 것을 담는 사람이고 겉사람은 땅과 접촉하면서 살아가는 사람이다. 속사람이 존재하는 이유는 사람들로 하여금 하늘의 질서대로 살도록 하기 위함이다. 만일 속사람이 없고 겉사람만 있다면 인간은 타락해져서 회복할 수 없는 지경에 떨어지게 된다.

 속사람과 겉사람을 쉽게 설명하면 이렇다. 태양의 빛을 받아 자연 만물이 존재한다. 동식물은 본능적으로 태양의 빛을 받아들여서 본능적으로 행동한다. 그러나 사람은 속사람, 겉사람이 똑같이 빛을 받지만 두 존재가 서로 다르게 반응한다. 속사람은 하늘의 것을 받아서 이치에 맞게 살고자 하고, 겉사람은 세상과 접촉하면서 사회와 관계를 맺고 인간들을 만나며 일을 하는 일상적인 기능을 한다. 우리가 보통 삶을 산다고 하는 것은 겉사람의 기능이다. 쉽게 설명하자면 선의 근원에서 나오는 진리를 속사람이 받아서 겉사람에게 전달하는 구조이다. 속사람은 겉사람에게 인생의 길을 안내해주는 선생의 역할을 한다. 만일 인간이 속사람의 영향권에 있게 되면 속사람의 선이 흘러들어 선하게 살아간다. 하지만 겉사람이 속사람의 영향에서 벗어나면 선은 멀어지고 세속적으로 흘러간다. 고로 사람이라고 할 때는 그가 얼마나 속사람과 가깝게 지내느냐로 판단할 수 있다.

 성리학의 철학적 입장에서 생각하면 속사람은 이(理)에 해당하고 겉사람은 기(氣)에 해당된다. 퇴계와 기대승의 이기

론(理氣論)의 논쟁은 결론적으로 속사람과 겉사람의 논쟁이라고 볼 수 있다. 퇴계는 사단칠정론을 가지고 이(理)와 기(氣)를 설명했으며 기대승은 현상으로 이해했을 뿐이다. 기회가 허락된다면 속사람과 겉사람의 원리와 동양 철학의 이기론의 원리를 비교해서 연구하고 싶다. 이런 연구는 인간의 근원됨과 사람을 움직이는 원리를 알고자 하는 노력들이다. 나는 우리 선조들이 성경에서 말하는 속사람과 겉사람의 원리에 가까운 이런 연구를 하였다는 사실에 놀랍기도 하고 자랑스럽기도 하다.

이기론의 논쟁이 조선 오백년 사상사에 흘렀는데, 속사람과 겉사람의 지식이 흘렀다면 우리나라 역사가 달라졌을 것이라고 생각한다. 왜냐하면 모든 인간이 속사람에게 복종하는 삶을 배워서 선을 추구하는 것을 제일의 목표로 삼았을 것이기 때문이다.

그만큼 이 사상이 너무도 놀랍고 소중하다. 겉사람이 전부라고 여기고 겉사람의 능력만 가지고 출세하는 이 세상에서 속사람의 지식을 목적한다는 것은 절대적인 하늘의 도움없이는 불가능하다. 인생의 목표를 돈과 권력에 두는 불쌍한 인생들에게 이 책은 속사람과 일치되는 삶이 하늘과 연결되며 천국에 가는 명확한 길임을 제시한다.

 어느 만화 그림에 천사의 속삭임과 악마의 속삭임을 그렸는데 속사람과 겉사람의 기능을 그렸다고 볼 수 있다. 그리고 인간이 죽음을 맞이하는 날, 둘은 하나로 일치하여 하나의 상태를 만든다. 그 상태는 상태에 맞는 세계로 가는데, 우리는 그것을 심판이라고 부른다. 그 날이 도래하게 되면 속사람과 겉사람은 일치하고 영혼은 하나로 등장한다. 이는 세상 속에서 속사람과 겉사람의 소통의 결과이다. 어떻게 속사람이 겉사람이 소통했느냐의 결과에 따라 한 인간의 삶의 결정체가 나타난다는 그런 말이다.

 사실 우리의 죄악을 회개한다는 말은 겉사람의 변화를 말한다. 겉사람이 깨끗해지면 속사람으로부터 선을 공급받을 수 있기 때문이다. 예수께서 제자들의 발을 씻겨주신 이유도 겉사람을 깨끗하게 하신다는 의미가 들어있다. 이제 우리는 수건을 허리에 동이시고 양동이에 물을 담고 서 계신 예수께 이미 더러워진 자신의 발을 보여야할 때가 되었다.

 한마디로 인간은 겉사람이 깨끗해짐으로 구원에 이르게 된다. 이것이 섭리의 법칙이다. 겉사람이 깨끗해지지 않으면 절대로 구원이란 존재하지 않는다. 이렇게 속사람과 겉사람은 인간의 근간을 이루는 대단히 중요한 진리이다.

바울은 속사람에게 복종하지 않는 자신의 겉사람을 보고 매우 탄식하며 고통스러워 했다. 그렇게 자신의 내면 인식을 하면서 탄식할 정도의 사람이라면 대단한 양심과 식견을 지녔다고 볼 수 있다. 이런 고민을 한다는 것은 속사람의 양심에서 경고음이 울렸기 때문이다. 그 경고음 소리에 놀라서 자신의 모습을 관찰하고보니 내면적 현실에 놀라서 탄식한 것이다.

이 책은 자신의 내면과 내면에 흐르는 원리에 대해 정확한 원리를 알려주지만 개인에게만 그치는 것이 아니고 인류의 사상사에 큰 물줄기를 알려주는 책이다. 무엇을 목적하는 삶을 살아야 하는가? 하는 근원을 가르쳐 주기 때문이다. 동양 철학이나 서양 철학에서 추구하는 삶의 목표 지점을 사람의 마음에서 증명해 준다. 내가 늦은 나이에 이 놀라운 지식을 알게 되었다는 사실이 다행이고 한편 부끄럽기도 하다.

2019년 7월

김 홍 찬 (Ph.D)

서문

목차

1
속사람과 겉사람의 정의

속사람과 겉사람이란

　사람의 마음은 우주만물처럼 넓어서 하늘과 땅이 있으며 그 안에 새, 동물 등 자연 만물이 살고 있다. 이것을 크게 하늘과 땅, 자연만물로 나눌 수 있다. 마음속 하늘은 속사람이며 마음속 땅은 겉사람에 해당된다. 그리고 자연 만물은 합리성으로 비유할 수 있다. 이처럼 인간의 마음에는 크게 말해서 속사람과 겉사람 그리고 합리적 인간이 살고 있다고 볼 수 있다.

　속사람은 신(神)과 이웃을 사랑하는 사람이며 겉사람은 자신과 세상을 사랑하는 사람이다. 그리고 합리적 인간은 둘 사이를 연결하는 사람이다.

　우리는 셋을 흔히 속사람과 겉사람, 합리성이라고 말한

다. 속사람과 겉사람은 마음속에 존재하면서 서로 교류하는데, 결합하기도 하며 분리되기도 한다. 마음속에 속사람, 겉사람, 합리적 인간이 없는 사람은 없다.

그러면 속사람은 어떤 사람인가? 속사람은 신(神)과 접촉하면서 인간을 선하게 만드는 사람이다. 인간은 속사람이 있기 때문에 짐승과 구별되며 사후에 영원한 삶을 살 수 있다. 한마디로 속사람은 신(神)의 형상이다. 속사람 자체적으로는 생명이 없지만 신(神)의 생명을 받을 수 있다.

신(神)은 속사람을 거처로 인간에게 다가 오시며 속사람을 통해서 인간을 보신다. 만일 인간이 죄악 가운데 살면 그는 속사람에게서 분리되고 신(神)으로부터 떠나게 된다.

하지만 속사람 자체가 없어지는 것은 아니다. 속사람 자체가 없어진다면 저세상에서 삶이 불가능하기 때문에 속사람이 없어지지는 않는다. 다만 속사람과 겉사람의 불일치가 있다. 이런 불일치는 신(神)과의 분리를 만든다.

속사람과 겉사람의 내용은 다르다. 속사람에는 선과 진리가 있으며 겉사람에는 기억과 상상력이 있다.

속사람은 선과 진리만이 머물 수 있기 때문에 속사람 안에는 사랑과 믿음의 지식이 들어있다. 반면에 겉사람은 기억과 상상력을 가지고 세상과 접촉한다. 어떤 사람이 기억력을 가지고 방대한 분량의 지식을 외우거나 상상력을 동원하여 아이디어를 짜낸다면 그는 세상에서는 놀라운 일을 할 수 있다. 하지만 이는 겉사람의 기능이다. 이것만 가지고는 속사람에 이를 수 없다. 그러나 그가 선과 진리를 따른다면 속사람에 이른 사람이고 천국에 도달할 수 있다.

속사람과 겉사람의 관계는 영혼과 몸의 관계와 같다. 영혼없는 몸이 죽은 것처럼 속사람과 겉사람이 분리되면 죽은 자라고 할 수 있다.

속사람과 겉사람이 분리되면 겉사람은 세상에서는 유명한 자로 살 수 있지만 속사람의 기능이 없으므로 세속에 쩌든 인간이 되며 짐승처럼 살게 된다. 이처럼 속사람은 겉사람을 사람답게 살도록 영향을 준다.

고로 속사람으로부터 분리된 겉사람은 짐승과 같은 본능에 움직일 수밖에 없다. 그는 식욕, 성욕, 공상, 과거 기억, 감정 모두 본능에 사로잡히고 만다.

또 겉사람에게는 상상력이 있는데 이를 통해서 인간은 추론하게 된다. 진리에서 벗어난 추론은 거짓에 불과하며 사상누각과 같은 것이다. 세속적 욕망에 의한 추론은 자신을 매우 우월한 존재로 여긴다. 이런 성품은 결국 선한 성품을 죽이고 본능에 의지하며 살아가게 한다. 속사람과 연결되지 않은 이런 신념은 곧 악마적이 되고 만다.

고로 진정 사람다운 사람이 되기 위해서는 속사람의 선과 진리를 겉사람에게 부여해야만 한다.

바울은 이런 원리 즉, 속사람과 겉사람의 연결이 너무나 중요한 사실을 알았다. 그는 두 존재가 자신 안에서 갈등하고 있음을 깨닫고 이렇게 외쳤다.

"나는 내 속에 곧 내 육신 속에 선한 것이 깃들여 있지 않다는 것을 압니다. 나는 선을 행하려는 의지는 있으나 그것을 실행하지는 않으니 말입니다. 나는 내가 원하는 선한 일은 하지 않고, 도리어 원하지 않는 악한 일을 합니다. 내가 해서는 안 되는 것을 하면, 그것을 하는 것은 내가 아니라 내 속에 자리를 잡고 있는 죄입니다. 여기에서 나는 법칙 하나를 발견하였습니다. 곧 나는 선을 행하려고 하는데, 그러한 나에게 악이 붙어 있다는 것입니다. 나는 속사람으로는 하나님의 법을 즐거워하나 내 지체에는 다른 법이 있어서 내 마음의 법과 맞서서 싸우며 내 지체에 있는 죄의 법에 나를 포로로 만드는 것을 봅니다. 아! 나는 비참한 사람입니다. 누가 이 죽음의 몸에서 나를 건져 주겠습니까?(롬7:18-24)."

그는 자신 안에 두 존재가 있어서 서로 갈등하고 있음을 고백한다. 즉, 속사람으로는 선을 행하고자 하지만 겉사람은 선을 행치 않고 원치 않는 악을 행하고 있다고 고백했다. 속사람으로는 하나님의 법을 즐거워하지만 겉사람은 죄의 법을 섬긴다고 하였다. 사실 이런 고백은 바르게 살고자 하는 인간의 탄식이기도 하다.

그러면 이런 갈등에서 벗어나기 위해서는 어떻게 해야 하는가? 속사람과 겉사람의 갈등에서 벗어나는 길은 속사람이 겉사람을 지배해야 한다. 그러면 속사람과 겉사람의 질서가 정립되어 속사람의 명령에 따라 겉사람이 움직이게 된다. 그렇게 되면 인간은 속사람 위주로 살게 되며 선을 목적하게 된다.

그러나 반대로 겉사람이 중심 자리를 차지하면 속사람은

겉사람을 위한 시녀 역할을 하게 된다.

만일 그렇게 된다면 속사람과 관계없는 삶을 살게 되어 선과 진리가 빠져버린 인생을 살게 된다. 겉사람 단독으로 종교인이 되거나 정치를 하거나 학문을 연구하게 된다.

속사람이 없는 인생은 관능적이고 자기만족을 추구하며 자신만의 상상의 세계를 갖는다.

하지만 속사람이 겉사람에게 영향을 미치게 되면 이 땅에서 선과 진리에 맞는 삶을 살게 되고 또한 사후에는 천국에 이른다.

속사람 위주의 삶과 겉사람 위주의 삶이 이렇게 판이하게 차이가 난다. 인간이 몸을 가지고 있는 동안에는 마음속에 이런 것이 구성되어 있는지를 깨닫지 못한다. 하지만 우리가 자신의 내면을 살펴보고 곰곰이 생각한다면 이런 사실을 이해할 수 있다.

속사람과 겉사람의 개념

　모든 동식물의 세계에는 속과 겉이 있다. 사과의 열매를 보면 속살이 있고 겉 껍질이 있다. 우선 껍데기가 빨갛고 윤기가 흐르면 속이 잘 익은 사과로 달고 맛있다. 하지만 껍데기가 주름이 잡혀서 우굴거리면 속살이 썩어있는 것이다. 속살이 어떠하냐는 겉껍질에 나타난다. 이렇게 속살과 겉껍질 사이에는 세포 줄기가 있고 서로 유기적인 연관이 있어서 둘 사이에는 서로 영양분을 주고 받는다.

　속살은 속사람으로 비유할 수 있고 껍데기는 겉사람으로 말할 수 있다. 과일이 그런 것처럼 인간의 마음 속에도 속사람과 겉사람, 둘 사이를 연결하는 합리성이 존재한다.

　속사람과 겉사람은 확실하고 뚜렷하게 다른 존재이다.

속사람은 천국과 상응하는 영적 상태이고 겉사람은 감각에 바탕을 둔 육신적 상태이다. 그리고 속사람과 겉사람이 연결되는 도구는 합리성이다. 속사람은 합리성을 도구로 겉사람과 교류한다.

오늘날, 심지어 교회에서 조차 속사람과 겉사람이 무엇을 의미하는지를 아는 이가 적다.

왜 속사람과 겉사람의 지식이 없는가?

그것은 감각적 삶에 도취되어 있기 때문이다. 감각에 빠져서 이렇게 살아가는 것이 맞는 삶이라고 규정해 버린다.

인간들은 어떤 생각을 할 때 속사람의 생각인지 겉사람의 생각인지 분리해서 생각하지 못한다. 속사람과 겉사람에 대한 지식이 없기 때문에 자기가 똑똑하거나 잘나서 스스로 생각하고 있다고 여긴다.

우리가 생각해 보아야 할 부분은 인간의 생각은 자신이 원하는 부분만 골라서 떠오르는 것이 아니라는 사실이다.

어떤 선한 생각을 하게 되면 자신이 하는 것이 아니라 그 바탕에는 이미 속사람과 겉사람이 깔려있다.

속사람 안에 있는 선과 진리는 인간으로 하여금 선한 생각과 애착을 갖도록 한다. 반면에 겉사람에 있는 기억과 상상력은 세속을 따르거나 자아 만족을 추구하게 한다.

속사람은 신성한 것을 받는 그릇이다. 이 속에는 하늘의 신령한 것이 들어 있으며 선과 진리가 담겨 있고 양심도 들어 있다. 하지만 겉사람은 그렇지 못하다. 속사람과 겉사람은 하늘과 땅이 다른 것처럼 전혀 다른 차원의 존재이다.

마음 속에 존재하는 세 인간

속사람, 합리성, 겉사람의 구조는 이렇다. 속사람은 가장 안쪽에 있고 중간에는 합리성, 가장 바깥에는 겉사람이 있다. 인간에게 천국이 들어오는 과정은 속사람을 통해 합리성 안으로 들어오고 그 다음 겉사람의 기억으로 들어온다.

속사람 안에는 하늘과 연결된 문이 있다. 신(神)은 이 문을 통해 각 사람의 상태에 맞춰서 인간에게 오신다.

겉사람으로 살아가는 인간이 속사람을 잘 이해하지 못하는 것은 속사람이 합리성보다 높은 차원이기 때문이다.

사도 바울은 천국은 삼층천으로 구성되어 있다고 했다.

마찬가지로 인간의 생명에도 세 가지 수준이 있다.

첫째는 겉사람이다. 겉사람에는 욕망과 환상이 있다. 이 자체로만 보면 인간은 짐승과 별로 다를 게 없어 보인다.

둘째는 합리성이다. 합리성은 선하고 참된 것을 생각하는 기능을 한다. 합리성으로 인해 겉사람의 욕망과 환상을 억제하고 지배할 수 있다. 합리성은 천국, 거룩에 대하여 자신을 곰곰이 되새겨 보게 한다.

셋째는 속사람이다. 속사람은 천국 요소를 받아들이는 기관이다. 이로인해 인간은 양심을 갖고 선하고 참된 것을 지각한다. 천국이 삼층천이라고 말했는데, 가장 깊은 천국은 천적 수준이며 중간 천국은 영적 수준이고 가장 낮은 천국은 자연적 수준이다. 천적 수준은 순수하게 신(神)을 사랑하는 이들의 상태이며 영적 수준은 자신보다 타인을 더 사랑하는 자의 마음이며 자연적 수준은 자신을 사랑하는 자의 수준이다.

인간은 각자가 목적이 다르더라도 일상생활에서 비슷하게 행동하고 말하며 돈을 벌고 쾌락과 즐거움을 누린다.

설혹 부부지간 일지라도 각자가 가지고 있는 목적이 어떤 지를 구별하기 힘들다. 함께 여행을 떠나지만 서로 다른 목적을 꿈꿀 수 있다. 같은 목적을 가지고 사는지 혹은 다른 목적을 가지고 사는지는 겉으로 보아서는 구분하기 힘들다.

살아가는 모습이 서로 비슷해 보여도 속사람과 겉사람의 수준에 따라 완전 다르다. 즉, 속사람에게 복종하면서 살아가는 사람과 겉사람에게 복종하면서 사는 사람은 너무나 다르다. 속사람과 겉사람의 차이로 인해 확연하게 구분된 삶을 산다. 한사람은 천국의 삶을 살며 또 다른 사람은 지옥의 상태가 된다. 이렇게 극명하게 차이가 난다.

왜 이런 현상이 생기는가?

그것은 선과 악 때문이다. 속사람 위주로 살아가는 사람은 속사람의 선으로 인해 선한 증거가 외부로 나타난다.

이들은 선을 추구하며 이웃을 사랑하면서 살아간다.

 하지만 겉사람 위주로 살아가는 사람은 세속적 즐거움과 자아 만족적인 삶을 목적한다. 이것이 최고의 삶이라고 자부하면서 살아간다. 이런 자는 자기와 세상만을 사랑하기 때문에 마치 즐기기 위해 이 땅에 태어난 사람처럼 사는데, 겉사람의 요구대로 목적하면 그만큼 천박스러울 수밖에 없다. 이처럼 속사람과 겉사람은 삶의 목적에서 극명하게 차이가 난다.

속사람을 무시한 유대인들

 유대인들은 속사람의 존재에 대해 무지했다. 또한 그들은 사후 세계를 믿지 않았다. 그들은 겉사람에게만 충실했다. 그들이 만일 하늘의 진리를 제대로 알았다고 한다면 오히려 진리를 왜곡했을 것이다. 그만큼 그들은 무지했고 완악했다. 인간이 진리를 왜곡하고 신성을 모독하게 되면 더 이상 구원의 희망은 없다. 이 부분에 대해 요한복음에는 이렇게 말한다.

 "그분은 그들의 눈을 멀게 하셨고 그들의 심정을 단단해

지도록 하셨다. 그들은 눈을 가지고 있으나 보지 못하고 심정을 가지고 이해하지 못하고 전환되지 않고 그들이 치료되지 않도록 하신다(요12:40)."

신(神)께서는 완악하고 교만한 인간이 진리를 왜곡할 것을 알기 때문에 말씀을 비유로 기록하셨고 순수한 마음을 가진 자들만 진리를 볼 수 있도록 하셨다.

다시 말해서 겉사람을 가지고는 절대로 진리를 깨달을 수도 없다는 것을 말씀하신 것이다.

그들이 세상 살아가는데 필요한 지식은 기억할 수는 있지만 속사람 없이는 하늘의 진리를 절대로 이해할 수 없다. 다시 말해서 하늘의 지혜를 얻을 수 없다는 말이다. 그 부분에 대해서 성경에는 이렇게 기록되었다.

"그들이 보는데 보지 못하고 그들이 듣는데 듣지 못하고 그들이 이해 못하게 하시기 때문이다(마13:13)."

2

속사람

속사람과 리메인스

리메인스(Remains)는 속사람 안에 있는 '순진무구한 선'을 말한다. 성경에서는 리메인스를 '남은 자' 라고 말한다.

리메인스는 주로 어린 시절에 신(神)으로부터 받아서 마음속에 깊이 보존된 것이다. 이 속에는 순수, 선, 자비가 들어 있다. 리메인스는 인간의 것이 아니다.

성경에 요셉이 이집트를 다스릴 때 7년 풍년 기간에 창고에 곡식을 쌓아둔 것처럼 신(神)은 어린 시절에 리메인스를 속사람 안에 보존하신다. 그리고 인간이 자라면서 겉사람이 변화를 필요로 할 때 공급해 주신다.

리메인스는 순수 선의 상태이다. 이것을 특별하게 마음 깊숙하게 보존하시므로 아무리 작다고 해도 결코 잃어버리는 일은 없다.

리메인스는 속사람 안에 소중히 보존되었다가 인간이 시험과 불행을 만났을 때, 선한 상태로 새롭게 다시 태어나기 위해 필요하다.

리메인스는 겉사람의 악과 거짓에 대항하기 위해 필요하다. 성경에는 숫자 '10' 을 리메인스로 상징하는데 이는 신성한 것을 의미하며 '십분의 일'이라고 말하기도 한다.

"많은 집들이 크고 아름다우나 거주할 자 없이 황폐해 있을 것이다. 포도원 10 에이커에서 1 바트가 생산되고, 1 호멜의 씨가 1 에바를 산출 할 것이기 때문이다(사5:9-10)."

위 구절은 상징적 의미가 담겨 있어서 문자적으로만 보면 무슨 의미인지 알 수 없다. 이 구절에는 영적 황폐의 의미가 담겨있다. 포도원 10 에이커가 1 바트를 만든다고 했는데 리메인스가 이는 거의 사라진 상태를 의미한다. 1 호멜의 씨가 1 에바를 산출함도 리메인스가 거의 없음을 의미한다. 다른 구절을 살펴보면,

"너희는 온전한 십일조를 창고에 들여 놓아, 내 집에 먹을거리가 넉넉하게 하여라. 이렇게 바치는 일로 나를 시

32

험하여, 내가 하늘 문을 열고서, 너희가 쌓을 곳이 없도록 복을 붓지 않나 보아라. 나 만군의 주의 말이다(말3:10)."

여기서 내 집 안에 먹을거리가 있게 하라는 말은 속사람 안의 리메인스를 의미한다. 리메인스가 먹을거리로 상징된 것이다. 리메인스를 통해서 모든 축복이 옴을 말한다.

십일조를 통해서 복을 받는다는 의미는 속사람 안에 있는 리메인스를 통해서 겉사람안에 선이 가득하게 된다는 것을 의미한다.

고로 인간에게 리메인스가 없다면 인간은 영혼의 기근 상태가 되어 영원한 지옥에 떨어지고 말 것이다.

속사람의 지식

사람들은 자신의 마음속에 속사람과 겉사람이 있는 줄도 모르고 살아간다. 속사람의 본성과 품질에 대해서 무지하다. 왜 속사람을 인식하지 못하는가?

그 이유는 자아와 세상 속에 너무나 깊게 빠져 있기 때문이다. 인간이 자아와 세속에 빠져 버리면 속사람도 겉사람과 더불어 혼란스러운 상태가 되어 버리고 만다.

하지만 인간이 거듭나게 되면, 마치 나무 뿌리에서 영양분이 올라와 열매를 맺듯이, 속사람은 겉사람과 연결되어 삶이 변화되기 시작한다. 속사람의 선과 진리를 깨닫기 시작한다. 이런 깨달음은 신(神)으로부터 주어진 것이다.

혹시라도 인간이 선을 자기 것이라고 여긴다면 겉사람이 작동하는 때이다. 겉사람은 자아 중심적이어서 선행을 자신의 것으로 여기며 진리를 행하는 것도 자기 힘으로 하는 것처럼 믿는다. 그래서 자기 공로를 내세우고 감각적인 삶으로 이끈다.

성경에는 하나님이 물 한가운데 창공이 생겨 물과 물 사이가 갈라지라고 하였다(창2:6). 이는 속사람의 지식과 겉사람의 지식이 분리됨을 말한다.

속사람의 지식은 인간이 배우지 않았지만 신(神)의 자비로운 은총에 의해 주어진다. 이는 속사람 안에 있는 양심과 지각을 말한다. 양심을 통해서 진리와 선에 관한 지식이 주어진다. 이런 지식으로 인해 만물의 주인이 계시다는 것과 그 분에 의해서 선과 진리가 주어짐을 깨닫게 된다. 감리교회 창시자 요한 웨슬레는 이를 두고 '선행적 은 총'이라고 말했다.

속사람과 거듭남

인간에게는 선을 원하기도 하지만 또 악을 좋아하는 마음 도 있다. 그런데 어느 계기가 주어져서 자기인식을 하게 되고 반성하는 능력을 갖는다. 즉, 선한 것이 무엇이며 악 한 것이 무엇인지 아는 능력이 생기고 양심이 밝아진다. 이를 두고 '거듭남'이라고 한다. 거듭남은 인간의 마음 판 이 바뀌는 상태를 말한다. 인간이 거듭나게 되면 선하고 참된 것을 생각하고 이해하는 능력을 갖는다. 사실 이런 능력은 속사람 안에 있는 리메인스에서 온다. 거듭나면 속 사람이 지배권을 갖기 때문에 속사람의 눈으로 거짓과 악 을 관찰한다. 그리고 새롭게 재탄생하도록 돕는다.

그러나 어떤 인간은 이런 사실에 대해 무지하고 선과 진 리에 친숙하지 않기에 설사 반성한다고 하더라도 임시방 편이나 겉치레에 불과하다. 마음이 바뀌는 것을 매우 두 려워 한다.

고로 거듭난 인간은 속사람과 연계되기 때문에 살아있는 인간이고 거듭나지 않은 인간은 속사람과 분리되었기에 죽은 인간이라고 말할 수 있다.

거듭난 자는 양심을 통해서 세상을 보지만 거듭나지 않은 인간은 양심의 눈으로 세상을 보지 않는다. 그는 바르게 사는 것처럼 보이고 선을 행하는 것처럼 보이지만 마음 속은 그렇지 못하다. 결국 양심은 남에게 보이기 위한 수단 혹은 가짜 양심으로 전락하고 만다. 이들이 가짜 양심을 가지는 이유는 가짜 양심이 그들에게 이기적인 만족을 주기 때문이다.

이런 자는 조금이라도 자기 사랑에 상반되면 하늘이 무너질 것처럼 매우 큰 걱정을 한다. 하지만 거듭난 사람은 양심에 의해 행할 때 기쁨이 있기에 조금이라도 양심에 저촉되면 매우 근심하게 된다.

거듭난 인간의 양심은 인간의 새 의지와 새 이해이다. 하지만 거듭나지 않은 인간에게는 세속적 욕망만 있을 뿐이다. 그래서 모든 욕망에 고개를 숙이고 복종한다. 결국 그들의 추론은 거짓된 방향으로 추락하고 만다.

겉사람안에는 추론과 자만이 있다. 추론은 자기만의 상상력이고 자만은 자신 만을 배불리는 것이다.

추론이 극에 달하면 진리를 왜곡하고 자기 생각이 하나님의 뜻이라고 오도한다. 자만은 자신이 하나님의 자리에 앉아서 타인을 지배하거나 통제한다.

속사람은 양심을 추구하고 겉사람은 자만하기에 둘 사이는 충돌이 발생할 수밖에 없다. 결국 속사람과 겉사람 간의 전투가 시작된다.

그래서 속사람이 겉사람을 지배하면 겉사람 안에 있는 거짓과 악은 속사람의 양심을 두려워하게 된다. 그러나 겉사람이 이기게 되면 대단히 이기적인 사람이 되고 만다.

각 개인에게는 천사와 악령이 함께 한다. 천사를 통해서는 천국과 교류하고 악령을 통해 지옥과 교류한다.

누구든지 천사의 도움을 받아 선한 의지를 갖고 진리를 따르게 된다면 악령은 힘을 쓰지 못한다. 천사는 악령이 거짓을 선동하지 못하도록 막기 때문이다. 악령은 인간이 진리를 통해서 새 양심을 받는 것을 싫어한다.

만일 누구든지 악령의 유혹에 넘어가서 거짓을 따른다면 그는 즉시 지옥적 두려움에 사로잡히게 된다. 이 두려움은 양심에 대한 무서움이다.

인간은 본래 악에서 출발하였기 때문에 악행에 대해 관대하다. 그러나 거듭난 자는 양심에 반대되는 행동이나 말을 하게 되면 곧 시험에 빠지게 된다. 인간은 양심으로 인해 자신의 잘못을 깨닫고 올바른 것을 배우게 된다. 그리고 가능한 만큼 자신의 행동을 수정하게 된다. 양심에 의해 진리를 따르게 되는 기회가 주어진다.

감각과 속사람

겉사람은 감각으로 판단한다. 고로 감각이 전부인 사람은 선도 감각에서 우러나오는 줄 착각한다. 하지만 선은 감각에서 우러나오는 것이 아니다. 감각적으로 만족한다고 모두 선한 것이 아니다. 예컨대, 섹스를 하면서 감각적으로 만족스런 느낌을 느꼈다고 그것을 곧 선이라고 말하지 않는 것과 같다. 선은 감각보다 더 높은 세계이다.

고로 속사람은 선을 생각하지만 겉사람은 선을 생각하기 힘들다. 그런데 겉사람으로만 살아가는 자들이 왜 자신을 선하다고 여기는가?

예컨대, 눈은 외부 사물을 보지만 그것을 인식하는 자는 내면이다. 또 귀는 소리를 감청하지만 알아듣는 것은 내면이다. 입은 말을 하지만 실제로는 생각이 입을 통해서 언어를 전달한다. 내면은 감각 기관을 이용하여 보고 듣고 말하는 기능을 표현한다.

속사람의 경우도 마찬가지이다. 속사람은 감각을 통해 선과 진리를 실천한다. 고로 사람이 감각적 판단을 우선하고 속사람을 무시한다면 천국의 희망은 사라지고 감각의 나라로 추락하고 말 것이다.

성경에는 "누구든지 사람을 죽인 자는 죽임을 당할 것이라" 고 말하고 있다. 여기서 말하는 사람은 속사람을 의미한다. 속사람만이 진정한 의미에서 사람이기 때문에 죽이지 말라고 한 것이다.

예수의 경우

예수는 보통의 인간과는 다르다. 그분은 속사람, 겉사람이 완전하게 선하신 분이다. 그리고 그분의 합리성은 태어나면서부터 속사람과 인접되어 있다.

예수에게도 속사람이 있다. 속사람은 그가 '아버지'라고 부르는 여호와이시다. 예수께서 "아버지"라고 기도하심은 예수의 속사람이신 여호와와 대화(Conversation) 하신 것을 의미한다. 예수는 여호와로 말미암아 속사람이 임신되었기 때문에 여호와를 그분의 아버지라고 부르셨다.

그리고 예수의 겉사람은 어머니 마리아로부터 받은 인성이다. 그분은 합리성으로 인성안에 있는 악과 전투를 하시고 승리하심으로 속사람과 겉사람이 하나를 이루셨다.

예수께서는 지속적으로 여호와와 결합하셨다. 다시 말해서 마리아로부터 부여받은 인성 자체가 속사람과 하나가 될 때까지 이 일을 계속해 나가셨다.

그러므로 우리는 신성 없이는 결코 속사람과 겉사람의 결합이 불가능함을 알아야 한다. 신성이 없으면 겉사람은 속사람에게 동화되지 못하고 동물적 본성만 남는다. 진정한 사람이 되려면 신성이 필요하다.

신성은 어떻게 주어지는가?

신성은 신(神) 사랑과 이웃 사랑을 통해서 주어진다.

신(神) 사랑과 이웃 사랑을 통해서 선이 주어지기 때문이다. 신(神)은 에덴 동산 당시에 사람으로 나타나셨다. 그리고 후에는 아브라함과 예언자들에게 나타나셨다.

그 후에 신(神)은 인간의 출생 방식을 통해 인성을 입으셨다. 이로 인해 그분은 유일한 사람이심을 증명하셨다. 그리고 죄악된 인성을 거룩한 신성으로 만드셨다.

다시 말해 겉사람에서 시작된 유전 악을 합리성으로 정복하시고 신성화하셨다. 진실로 놀라운 일이 아닐 수 없다! 예수께서 이렇게 하실 수 있는 것은 여호와의 속사람을 가지셨기 때문이다.

그러면 우리는 어떻게 신성에 도달할 것인가? 그분은 우리에게 그 길을 알려 주셨다.

"나는 길이요 진리요 생명이다. 나를 수단으로 하지 않고는 아버지께로 나아 올 자가 없다(요14:6)."

예수는 길이며 진리 자체이시다. 그분을 수단으로 하지 않으면 아무도 아버지에게 나아갈 수 없다. 여기서 아버지와 아들은 예수 안에 있는 신성과 인성을 말한다. 이 말씀은 신(神)의 속성을 이해해야만 이해할 수 있다.

본문으로 다시 돌아가서 길은 교리를 의미하고 진리는 교리와 관련된 모든 것이며 생명은 곧 선을 의미한다.

선은 진리의 생명이다.

이 말은 진리가 삶에 응용되어야 생명에 도달한다는 것이다. 개인의 삶 속에서 진리가 적용되어 삶의 방식을 만들 때만이 생명을 얻는다. 그렇게 되었을 때 신(神)은 인간과 현존하시어 결합하여 지혜와 기쁨을 주신다.

합리성도 마찬가지이다. 합리성 안에 있는 신성은 속사람과 겉사람을 하나되게 만드는 매체이다. 이처럼 신성은 겉사람의 세상적 요소를 순수하게 만들어 사람되게 만든다.

새 영혼

"선한 목자는 양들을 위해 그의 생명을 준다."

예수는 자신을 두고 선한 목자라고 말씀하신다. 그분은 사랑의 목자로 자신을 따르는 이에게 생명을 주신다.

생명은 속사람의 영혼과 겉사람의 영혼(Soul)을 의미한다.

속사람의 영혼은 사랑의 생명이고 겉사람의 영혼은 진리의 생명이다. 겉사람의 생명은 유전적 영향으로 악의 요소가 있기 때문에 예수께서는 겉사람의 생명을 내려놓으셨다. 그분이 겉사람의 영혼을 내려놓으신 것은 유전적인 악을 벗어 버리기 위해서이다. 그리고 결국 겉사람의 생명을 완전하게 하셨다. 예수께서 자신은 버릴 권세가 있다고 하신 의미가 바로 여기에 있다.

겉사람의 욕망

겉사람의 욕망은 삯꾼과 같다. "목자가 아닌 삯꾼은 양이 자기 양이 아니기 때문에 이리가 가까이 오는 것을 보면 양을 버리고 도망쳐 버린다. 그러면 이리는 양들을 물어가고 양떼는 뿔뿔이 흩어져 버린다(요10:12)."

삯꾼은 품삯 때문에 일하는 사람을 의미한다. 이들이 일하는 목적은 오로지 이익 때문이다. 고로 삯꾼은 위험이 있으면 즉각 도망친다. 악에 대해서 어떤 저항도 하지 않는 사람을 삯꾼이라고 말한다.

성경에서는 삯꾼에 대해서 말하기를 "늑대가 오는 것을

볼 때 그는 양을 내버리고 도망친다."고 말했다.

진짜 목자인지 아닌지를 구별하는 요건은 그가 자신의 생명을 바쳐서라도 양을 보호하는가? 위기에서 도망가는가? 하는 것이다. 겉사람의 욕망은 마치 저녁 나절에 기어 나오는 늑대와 같다. 늑대는 거짓 원리를 사랑하는 것을 의미한다. 이런 마음은 겉사람의 심정 속에 존재한다.

악과 거짓이 습격을 감행할 때 즉, 악령과의 대결을 회피함으로 겉사람이 악과 거짓을 허용하게 되면 속사람의 리메인스까지 파괴하게 된다. 즉, 늑대에 대한 공포가 양에 대한 사랑보다 클 때, 죽음에 대한 공포가 생명의 사랑보다 더 강할 때 마음속 양을 내버린다.

위험이 닥칠 때 도망가는 것은 삯꾼의 속성이다. 악은 양을 포획하고 거짓은 양들을 흩어지게 해서 결국 인간의 의지와 이해를 파괴한다. 이는 선하고 참된 것이 악과 거짓에 노출될 때 선하고 참된 것은 사라진다는 의미이다.

신(神)과 인간의 결합

예수는 자신과 백성의 관계를 목자의 음성과 알아듣는 양에 비유하여 언급하셨다. "나는 선한 목자이다. 나는 내 양들을 알고 내 양들도 나를 안다(요10:14)." 여기서 앎이라는 것은 부부가 서로를 깊이 아는 것과 같은 체험적 원리이다. 이와 같은 상호성은 완전한 결합을 의미한다.

예수는 "이것은 마치 아버지께서 나를 아시고 내가 아버지를 아는 것과 같다. 나는 내 양들을 위하여 생명을 내려놓는다(요10:15)."고 말씀하셨다.

목자와 양의 상호 관계를 다른 말로 하면 신성과 인성의 결합이다. 신성과 인성의 결합의 과정은 양을 위해 생명을 내려놓음으로 이뤄진다. 다시 말해서 속사람을 위해서 겉사람이 자신을 포기해야 한다는 것이다. 예수께서는 사랑을 가지고 인류를 위하여 자신을 죽음에까지 내려놓으시고 악과 어둠의 모든 권세에 대항하여 싸우심은 곧 자신의 생명을 내려놓으신 것을 의미한다.

하나님의 선물과 속사람

예수께서 수가성에 있는 여인과 다음과 같이 대화하셨다. "예수께서는 여자에게 하나님께서 주시는 선물이 무엇인지 또 너에게 물을 청하는 내가 누구인지 알았더라면 오히려 네가 나에게 청했을 것이다. 그러면 내가 너에게 생명 있는 물을 주었을 것이다(요4:10)."

하나님의 선물은 속사람 안에 있는 영원한 진리이다. 예수께서 하나님의 선물이 무엇인지를 알았다면 이라고 말씀하신 이유는 속사람의 진리를 알기를 원하신다는 의미이고 물을 요청하신 것은 겉사람의 진리를 달라고 말씀하신 것이다. 이렇게 말씀하신 이유는 속사람 안에 있는 진리와 겉사람 안에 있는 진리와 결합하기를 원한다는 의미이다.

속사람과 겉사람의 상호 결합을 말씀하셨다. 고로 우리는 하나님의 선물이 무엇인지, 우리에게 "물을 달라"고 하신 이유가 무엇인지를 알아야 한다.

그 이유는 우리 각자 안에서 하나님의 선물인 속사람의 진리와 겉사람의 진리가 결합하기 위해서이다.

또한 여기서 물 좀 달라는 예수의 요청은 겉사람이 깨끗하게 되어 결과된 진리를 가져오라는 뜻이다. 바른 삶을 살므로 얻게된 진리를 그분께 가져가야 한다.

이것이 진리를 가져오라는 그분의 요청을 듣는 것이다.

고로 우리는 진리를 깨닫고 정결하게 된 겉사람의 진리를

예수께 내보여야 한다.

인간의 영(Spirit)에 호소하시는 속사람의 음성을 들을 준

비를 해야 한다. 열린 영혼은 그 음성을 듣는 능력이 있다.

이런 능력은 감각 인식보다 훨씬 높은 차원이다.

눈에 보이는 기적은 감각에게 작동하여 전율을 느끼게 하

고 황홀하게 하고 감탄스럽게 만들지만 진리를 확신케 하

지는 못한다.

우리는 기적적인 사건보다 내면에서 올라오는 영감의 소

리에 귀를 열어야 한다. 이것이 우리가 하나님의 선물을

얻는 길이다.

3

겉사람

겉사람의 정의

겉사람을 구성하는 요소가 있다. 즉, 합리성, 상상력, 기억, 감각이다. 합리성은 가장 안쪽에 있고 저장된 상상력과 기억은 중간, 감각은 가장 바깥에 구성되어 있다.

감각은 시각, 촉각, 미각, 후각, 청각으로 구성되어 있으며 외부 정보를 받아들이는 역할을 한다. 겉사람이 속사람과 결합하기 위해서는 합리성의 도움을 받아야 한다. 이때 합리성은 기억에 저장된 지식을 동원한다. 지식에서 진리에 부합하는 지식을 가지고 속사람에게 전달한다.

합리성은 일종의 선에 대한 애착이라고 말할 수 있다. 선에 대한 애착이 있어야만 속사람에게 다가설 수 있기 때문이다. 그러면 속사람은 합리성을 통해 겉사람에게 진리의 애착으로 다가간다. 이렇게 볼 때 겉사람을 살아있게 하는 것은 애착이다. 선에 대한 애착은 속사람, 겉사람 모두를 살게 한다.

겉사람의 상태

속사람에는 선의 그루터기(Remains)가 있기 때문에 천사들이 머무르고 겉사람은 세상과 접촉하기 때문에 악령이 접근한다. 만일 악령이 겉사람을 지배하게 된다면 합리적 인간은 슬픔에 빠지게 된다. 이때 속사람은 악에 저항하는 입장에 서게 된다. 이를 두고 '시험' 이라고 한다. 인간은 시험으로 인해 고통을 호소하며 합리성은 '오호라! 나는 곤고한 자로다' 고 울부짖게 된다.

더 나아가 이런 시험의 전투에서 악령이 더욱 지배권을 확보할 경우, 결국 속사람의 선은 거의 바닥나게 되어 천사들은 인간을 방어해줄 그 어떤 것도 가지지 못한다.

선으로 악을 이겨야 하는데 그럴만한 자원이 없다. 선의 기근이 생기게 된다. 이때 그는 더욱 비참해진다.

우리가 알아야 할 사실은 진리를 따르지 않는 인간은 이런 갈등조차 없다는 것이다. 그는 세속에 빠져 살기 때문에 시험조차도 없다. 하지만 그에게는 불안이 찾아온다.

 이런 불행한 처지에 빠지면 영혼이 칠흙 같은 어둠속에 휩싸이게 된다. 어리석은 인간이 마음을 무시하고 감각에만 몰입하게 되어 관능적이 되면 결국 합리성을 잃어버리고 양심은 마비되어 죄악중에 헤매인다.

 한마디로 사람다운 사람이 되지 못하고 뱀과 돼지와 같은 짐승이 되어 세속과 욕심에 붙들리어 살아간다. 악령에게 붙잡히게 되면 양심의 가책은 없게 된다. 이미 깊은 어둠속에 갇혀서 탐욕에 침몰되어 버렸기 때문이다.

 고로 탐욕자들은 다른 어떤 사람들보다 가장 마음이 더러운 자들이다. 이들은 사후 삶이나 속사람에 관해서 관심이 없으며 오로지 세속에만 관심을 쏟는 자들이다.

 또한 끊임없이 자기 손에 무언가 들려있어야 만족하고 하나의 배우자로는 만족하지 못하며 무엇이든 눈에 보이는 대로 잡고자 하여 결국 지옥 깊은 곳으로 자신을 빠뜨려서 가장 비참한 고통을 당한다.

 또한 이들은 언제나 감각적 쾌락과 세속적인 생각에 몰

입하는데 세속적 생각은 헛된 망상으로 변한다. 이들의 상태는 마치 캄캄한 지하실에 돈을 가득 쌓아두고는 돈을 지키고 있는 것과 같다. 쉴 새 없이 분주하게 시커먼 쥐들이 돈을 갉아먹기 위해 달려들기에 그것을 방어하느라 정신없다.

이렇게 탐욕자들은 끊임없이 물질에 매달리고 세속적 욕망에 시달린다. 그들은 거짓된 변명으로 탐욕의 본능을 감추지만 굶주린 욕심을 당해낼 길이 없다. 결국 완전 녹초가 되고 실신 상태가 되고 영혼은 심하게 파손된다. 그들이 돈에 대한 미련을 버리고 어둠에서 빠져나올 때까지 이 일은 반복된다.

성경에 "이마에 땀을 흘려야만 양식을 먹게 된다"는 의미가 바로 이런 뜻이다. 탐욕으로 인해 선한 면이 모두 사라져서 지옥의 비참한 지경에 떨어지고 만 것이다.

이처럼 겉사람을 파괴하는 것은 탐욕과 거짓이다. 탐욕은 의지에서 오고 거짓은 이해로부터 온다. 이로 인해 겉사람은 속사람으로부터 완전 분리된다.

하지만 속사람은 탐욕에서 구출되도록 이끈다. 인간은 탐욕으로부터 벗어나서 선에 대한 애착을 가져야 한다. 선에 대한 애착은 속사람에 대한 관심이다.

속사람이 겉사람에게 다가가는 이유는 겉사람을 진리로 정화해서 속사람에 결합하기 위해서이다. 즉, 인간을 본질적으로 정화시켜 신성과 하나 되도록 하기 위함이다. 지혜는 악의 구렁텅이에 빠진 자에게 이렇게 외친다.

'선에 대한 애착을 붙잡고 그곳에서 빠져 나오라'

겉사람의 수용력과 상태

성경은 인간이 개혁되어야 하는 이유에 대해서 타국으로 떠난 종의 비유에서 말씀하신다.

"어떤 사람이 자기 종들을 불러서 그의 상품들을 인계했다. 그래서 각자의 능력에 따라서 한 사람에게는 다섯 달란트를 또 한 사람에게는 두 달란트를 또 한 사람에게는 한 달란트를 주었다. 다섯 달란트를 받은 자는 거래해서 다른 다섯 달란트를 만들었다. 마찬가지로 두 달란트를 받은 자도 다른 두 달란트를 벌었다(마25:14-17)."

이 비유에서 종이 거래를 한 것은 진리를 찾는 상태를 의미한다. 그들의 상품은 지식이다. 거래하는 방식은 각자의 수용과 상태에 적응됨을 의미한다. 수용력과 상태에 따라 결과가 달라진다. 이를 두고 달란트 비유라고 한다.

좋은 땅에 떨어진 씨와 돌짝 밭이나 가시 밭에 떨어진 씨앗의 결과가 다른 것처럼 그 결과는 다르다. 이는 수용력의 문제이다.

인간의 수용력이 다른 이유는 유아기 때부터 지금까지 살면서 침투한 악과 거짓 때문이다. 고로 하늘의 좋은 은사와 선물을 받지 못하는 이유는 이 부분 때문에 수용력의 차이가 생겨 받아들이는 정도가 다른 것이다.

신(神)은 모든 자에게 선과 진리를 선물하신다. 하지만 그것을 어떻게 받아들이는가 하는 것은 그의 수용력과 상태의 차이에 따라서이다.

그러면 수용력을 어떻게 변화시킬 수 있는가?

사람의 마음은 밭에 비유할 수 있다. 좋은 밭, 돌짝 밭, 가시덤불이 무성한 밭, 길바닥 등이 있다. 이는 인간의 마음 상태를 비유한다. 밭의 종류에 따라 수용력의 차이가 난다. 수용력이 변화하려면 어떻게 해야 하는가?

먼저 자신이 황폐하게 되었다는 사실을 인식해야 한다. 그리고 자신의 황폐하게 된 모습을 보면서 '이래서는 안 되겠다' 는 깨달음이 있어야 한다. 변화의 필요를 느껴야 한다.

고로 변화를 위해서 가장 우선해야할 것은 황폐를 알아차리고 선의 필요를 느끼는 것이다. 마음이 황폐해진 상태에서 거듭나려면 남아있는 그루터기가 있어야 한다.

남아있는 그루터기라고 하는 것은 순진무구한 어린시절에 속사람 안에 담아둔 선이다. 속사람의 선이 겉사람 안에 흘러들어가면 변질된 마음이 순수하게 되면서 마음밭이 부드러워지기 시작한다. 그렇게 되면서 겉사람이 순수의 영향을 받아 겉사람의 진리가 풍요롭게 된다. 이 말은 자신 안에 있는 황폐를 발견하고 세속적 쾌락과 정욕에서 벗어나고자 노력하게 되면서 마음의 변화가 일어난다는 말이다.

겉사람의 변화

겉사람이 변화하기 위해서는 다음과 같은 단계를 거친다.

첫째, 속사람과 겉사람의 전투가 진행된다.

인간은 세속에 깊이 발을 담그게 되면 속사람에게 고분고분하기가 쉽지 않다. 세속에 깊이 젖을수록 속사람에게 복종하기가 어렵다. 하지만 많은 고난을 거치게 되면 속사람의 말을 듣기 시작한다. 시험과 곤경을 치루고 나서야 비로소 변화의 필요를 느끼게 된다.

둘째, 자신의 잘못을 인정하게 된다.

인정의 단계이다. 그간 자신이 자기만을 사랑했던 것과 세상을 좇아 살아왔던 것을 시인한다. 자신이 이렇게 살아왔음을 인정하지 않고 회피하다가 수많은 고난을 겪게 되었음을 깨닫는다. 결국 고집을 포기하고 손을 들고 항복한다. 그리고 자신의 죄악을 인정하는 상태에 돌입한다.

셋째, 속사람에게 복종한다.

이때는 신(神)께 자비를 구하는 상태이다. 겉사람은 속사람과의 전투로 인해 자신의 잘못을 인정하고, 자신이 고집대로 마음대로 살아왔음을 회개하고 신(神)의 뜻대로 살겠다고 다짐을 하게 된다. 그리고 속사람에게 복종한다.

겉사람의 자발성

인간에게 자발성이 필요한 이유는 자발성 없이는 개혁이 불가능하고 또 천국을 받을 수 없기 때문이다. 인간은 자발적으로 자신을 설득해서 겉사람이 속사람에게 복종해야 한다. 스스로 이 일을 해야 한다.

신(神)은 그 누구도 강요하시지 않기 때문에 인간 스스로 의지를 가지고 자발적으로 해야만 한다.

만일 누구든지 강제적으로 선하게 살라고 강요받는다면 오히려 반항심이 생길 것이다. 강요에는 이런 부작용이 따른다. 양심은 강요에 의해서 만들어지는 것이 아니다.

겉사람의 선

인간은 부모로부터 삶의 자세를 배우면서 선을 습득한다. 고로 아이는 부모의 양육 태도에 젖을 수밖에 없다. 그렇지 않으면 부모와의 교통이 이루어지지 않는다.

자녀는 부모의 태도를 그대로 답습하며 물려받는다. 부모의 선과 악이 자녀들에게 대물림을 하게 된다. 고로 부모들의 삶이 자녀들에게 미치는 영향력이 매우 크다.

중요한 사실은 대물림된 선은 자연적 상태에 불과하며 절대로 진정한 선이 아니라는 사실이다. 이는 부모로부터 전수받은 착한 성품에 불과하다. 본질적 선은 속사람으로부터 주어진다. 고로 인간이 진정한 선을 받으려면 그는 속사람의 지배를 받아야 한다. 겉사람의 선은 네 종류로 구분할 수 있다.

첫째는 선을 사랑하는 선이다.

둘째는 진리를 사랑함에서 오는 선이다.

셋째는 악을 사랑하면서 선으로 포장한다.

넷째는 거짓을 사랑하면서 선으로 포장한다.

만일 부모가 선을 사랑하는 삶을 살면서 선을 기뻐하는 마음으로 자녀를 임신하고 키웠다면 자녀는 부모와 비슷한 선의 경향을 갖는다. 만일 부모가 진리를 사랑하고 진리 가운데 살면서 자녀를 임신하고 양육했다면 그 자녀는 부모와 유사한 진리에 대한 경향성을 받는다.

만일 부모가 거짓과 악을 사랑하면서 자신의 악한 행위를 오히려 선이라고 주장하면서 살게 되면 자녀에게 악과 거짓을 전수하게 된다.

자신의 악한 행위를 선이라고 변명하는 자는 더러운 쾌락을 탐닉하는 자이다. 이런 자는 아주 쉽게 타락하는데 그 이유는 매우 탐욕적이기 때문이다. 이런 자는 아주 잔꾀가 많고 위선이 심하다. 마치 늑대가 양의 탈을 쓴 것처럼 행동하는데, 타인 앞에서 매우 순진한 척하면서 위장한다.

위장하는 자는 거짓과 악 가운데 살면서 스스로 착하다고 여기고 자기를 높이며 살아간다.

그러면 진정한 선이 형성되기 위해서는 어떤 과정을 거치는가? 예컨대, 과일이 먼저 시큼하고 떫거나 신 맛이 있은 후에 익게 되면 신 맛이 사라지고 비로소 사람이 먹기에 좋은 단 맛이 나온다. 신 맛이 사라진 후에 진정한 맛이 우러나온다. 선은 곧 이런 맛과 같다.

어린이들이 축구나 테니스 같은 운동을 훈련받기 위해서는 처음에는 마구잡이로 자세를 갖지만 훈련을 받으면서 익숙한 좋은 자세를 갖게 된다. 처음에 갖는 그릇된 자세도 좋은 자세를 갖기 위해 필요한 것이다. 그러나 좋은 자세가 갖추어지면 이전의 자세는 사라져야만 한다.

진리의 경우도 마찬가지이다. 순수한 진리가 오게 되면 순수하지 않은 것은 사라지게 된다.

마찬가지로 처음부터 겉사람은 합리성에 순종하지 않는다. 겉사람이 합리성을 섬기기 위해서는 먼저 황폐해진 자신의 모습을 발견해야 하고 그후 시험을 통과하므로 욕망이 근절되어야 한다. 가시덤불이 제거되어야만 논밭을 일굴 수 있고 야생 동물이 사라져야만 양이 머물 수 있다. 그 후에 속사람을 통해서 선이 주어지면 비로소 겉사람이 부드럽게 된다. 다시 말해서 부모로부터 유전된 성품이 사라지고 겉사람의 진리 안에 새로운 선이 심어져야 한다.

마치 나무가 자라면서 새로운 섬유 조직이 만들어지고 이로 인해 가지마다 과일이 익게 되는 이치와 같다. 나무가 자라서 열매는 맺는 과정은 겉사람이 속사람으로 성장하는 과정과 동일하다. 이는 자연적 상태에서 진정한 선의 열매를 맺는 것이다.

겉사람의 거듭남

인간은 영적인 것과 자연적인 것을 동시에 지니도록 창조되었다. 인간 육체는 물질에 불과하지만 속에는 영적인 면이 존재한다. 속사람과 겉사람은 순전히 영적 상태이다. 속사람은 높은 차원의 영적 상태이며 겉사람은 낮은 차원의 영적 상태이다. 높은 데서 낮은 데로 물이 흐르듯이 속사람에서 선이 겉사람으로 흘러 내려야 한다.

그런데 이런 질서가 무너지게 되었다. 질서가 거꾸로 되었다. 겉사람이 속사람을 지배하게 된 것이다. 이로인해 선을 잃어버리고 어둠이 찾아오게 되었다. 이 질서가 회복되어서 영적인 것이 겉사람에 흘러 들어와야 한다.

영적인 것이 겉사람에 들어오려면 겉사람이 속사람에게 복종해야 한다. 즉, 겉사람의 진리가 합리적 선을 받아들여야 한다.

겉사람의 진리가 선을 받아들이면 이웃에게 선행하고 공공의 복지를 위해 노력하게 된다. 겉사람의 진리는 하나의 지식이지만 이런 일을 행함으로 더욱 지혜로워진다.

그러므로 겉사람에게는 먼저 진리가 필요하다. 진리가 합리성의 선을 받아들이기 때문이다. 그 과정을 살펴보자.

첫째, 겉사람에 천국 빛이 비춰져야 한다.

인간에게는 지적 측면을 만들어내는 두 빛이 있다. 즉, 천국 빛과 세상 빛이다. 천국 빛은 신(神)으로부터 주어지는 빛이다. 신(神)은 천국의 해가 되신다. 사실 자연 만물이 생명을 유지하고 소성할 수 있는 것은 태양의 빛 자체보다는 천국 빛 때문이다. 천국은 해와 달이 쓸 데 없다고 하였는데, 이는 천국 빛이 있기 때문이다.

보통 속사람은 천국 빛으로부터 사물을 이해하지만 겉사람은 세상 빛으로 이해한다. 속사람과 결합하기 위해서는 천국 빛이 필요하다.

둘째, 애착이 있어야 한다.

애착에 의해 이해력이 주어진다. 진리에 대한 애착이 있는 만큼 이해력에는 질서가 세워진다.

셋째, 합리적 진리가 천국 빛을 흐르게 한다.

합리적 진리가 있어야 하는 이유는 선과 결합하기 위해서이다.

결론적으로 말하자면 천국 빛을 이해력이 받아들이면 합리적 진리가 확장된다. 이런 경로로 인해 새로운 질서가 세워진다. 천국 빛은 속사람으로부터 온다.

천국 빛이 비춰진다는 의미는 생각과 애정이 속사람을 향해 열려 있다는 뜻이다. 처음에는 마음속에 천국 빛이 비췸으로 진리의 씨가 싹트기 시작한다. 이때는 계절로 비유하면 봄에 해당된다.

그 다음에는 지성은 진리의 탁월함과 진리가 주는 가능성에 기뻐한다. 이때는 계절로 말하면 여름에 해당된다. 어느 정도 성숙한 상태라고 볼 수 있다.

그 다음에는 가을에 해당되는데, 진리의 탁월함이 거룩의 아름다움으로 익어간다.

이때는 지성적 차원이 아니라 의지적 삶의 결실을 맺는다. 여기서 끝이 아니다. 그 영혼은 천국 빛으로 더 높고 더 나은 상태로 전진하게 된다.

겉사람의 정결

유대인의 전통에서는 물로 손발을 씻는 관습이 있다. 물은 진리를 상징하는데, 물로 손발을 씻음은 진리를 통해서 겉사람의 불결한 것을 씻어낸다는 의미이다.

고대인들은 물로 손을 씻는 의식을 통해서 겉사람의 불순이 제거되는 것으로 여겼다. 그런데 유대인들은 물로 손을 씻는 예식 자체를 가지고 마치 자신이 깨끗해졌다고 믿었다. 그들은 정결함의 진정한 의미를 알지 못했고 또 알기를 원치 않았다. 그들은 속보다는 겉을 포장함으로 외식한 것이다.

그릇이 더러우면 아무리 깨끗한 생수라도 오염되고 만다. 그릇이 깨끗해야만 신성한 선과 진리가 흘러든다. 겉사람의 불결이란 자기 사랑과 세상 사랑에 속한 모든 것을 말한다. 진리로서 불결한 것을 씻어야 하는 이유는 겉사람이 세속에 물들어 더러워지면 선과 진리의 유입에 방해되기 때문이다. 내면이 더러우면 선을 악용하게 된다는 말이다.

자기 사랑과 세상 사랑은 선을 오염시키는 주범이다. 이것이 제거되어야만 그릇이 깨끗해져서 신(神) 사랑과 이웃 사랑의 열매가 풍성해진다.

인간은 아무리 겉사람이 속사람을 지배하고 활개를 치더라도 불행, 곤경, 궁핍, 질병과 같은 위급한 상황을 당하면 겉사람은 잠잠할 수밖에 없다.

비바람과 우박과 찬서리를 맞으면서 과일이 익어가는 것처럼 인간은 고난을 통해서 겉사람의 신념이 무너지면서 새로운 질서가 세워지며 속사람의 선을 받아들일 준비를 하게 된다. 이때 인간은 자신의 잘못을 깨닫고 행동을 바르게 하며 선으로 방향을 선회한다. 즉, 작은 일에서부터 선을 실천하고자 한다. 겉사람은 주변 상황이 바뀔 때 생각과 태도를 고치게 된다. 이렇게 해서 겉사람의 정결이 이루어진다.

성경 이사야서에서는 "너는 씻어라. 너를 깨끗하게 만들어라. 네 행위의 악을 나의 눈앞으로부터 내던져라. 악행을 중단하라(사1:16)."고 하였다.

여기서 씻는 것은 악행을 중단하고 순수한 마음을 갖는 것을 의미한다. 겉사람의 악을 버리라는 의미이다.

"나는 너를 물을 가지고 씻었다. 나는 네 피들을 네 위로부터 씻어버렸다. 그리고 기름을 가지고 너를 기름부었다(겔16:9)."

물로 씻는 것은 거짓에서 순수해짐을 의미하고 피를 씻어내는 것은 악을 걸러내는 것을 의미한다. 기름으로 부음은 선으로 채움을 의미한다.

성경에는 겉사람이 불결해졌을 때 피부를 씻거나 의복을 빨거나 하는 등의 행위를 하도록 명령되었다. 즉, 이 말은 자기 사랑과 세상 사랑이 제거해야 된다는 말이다. 그렇지 않으면 악이 드러나기 때문이다.

결국 불결이 제거되지 않으면 인간은 자신의 명예와 이득을 목적하여서 위선적이 되거나 자아 공로사상(Self-Meritorious)에 빠져 버린다. 자아 공로나 위선은 선이 아니기 때문이다. 자기 사랑과 세상 사랑의 원리가 제거되면 최소한 자기를 드러내지 않는다.

성경에 예수께서 제자들의 발을 씻기심으로 겉사람을 순수하게 하신 일이 있다.

"베드로가 그분에게 말한다. 주여, 당신께서 제 발을 씻으십니까? 예수께서 대답하시어 그에게 말하셨다. 내가 무엇을 하는지 너는 모르고 있다. 그러나 이후 너는 알 것이다. 베드로가 그분에게 말한다. 당신이 제 발을 결코 씻길 수 없습니다. 예수께서 그에게 말하신다. 만일 내가 너를 씻지 않으면 너는 내 편이 아니고 나와 상관이 없는 사람이다. 시몬 베드로가 그분에게 말한다. 주여, 제 발 뿐만 아니라 제 손과 제 머리도 씻어 주십시오. 예수께서 그에게 말하신다. 씻었던 자는 깨끗한 바 그의 발 외에는 씻을 필요가 없다. 너희는 이미 깨끗하다. 그러나 모두는 아니다(요13:4-17)."

제자 베드로가 예수와 연결되기 위해서는 먼저 발이 씻겨져야만 했다. 그리고 이미 씻었던 자는 발 외에는 씻을 필요가 없다는 말은 거듭난 자는 겉사람 만을 깨끗하게 하면 된다는 말이다. 세상 살면서 묻은 악과 거짓을 제거하는 것이 필요하다는 뜻이다. 자기 사랑과 세상 사랑의 때가 제거될 때 신(神)으로부터 영적인 것이 유입된다. 고로 발을 씻는 행위는 선행의 의무를 말한다. 신(神)은 인간이 사랑을 통해서 겉사람을 순수하게 하신다. 그리고 속사람과 겉사람의 질서를 세우시고 영적인 것을 받도록 하신다.

정결의식

성경에 씻음이 기록된 이유는 순수함을 의미하기 때문이다. 고대인은 이런 의식이 마음의 순수해짐과 겉사람의 악을 제거하는 것이라고 여겼기 때문에 전심을 다해서 의식 절차를 준수했다.

반면에 유대인들은 외식에 그쳤다. 그들은 겉으로 옷을 빨고 손과 발을 씻는 행위를 이행하면 깨끗하다고 여겼다. 그러나 마음으로는 탐심과 증오, 복수, 무자비, 잔인함 등의 영적 불순으로 살았다. 이런 현상은 그들에게는 속사람에 대한 지식이 없었기 때문이다. 그들은 내세도 부활도 믿지 않았다. 영적인 지식없이 세상적인 의식에 묶여져 있었다. 그렇지만 의식의 본래 의미는 내적인 면을 위한 것이다. 내면이 영적으로 깨끗해지는 것을 의미했다.

성경에는 다음과 같은 구절이 정결을 의미하고 있다.

모세는 아론과 그의 아들들을 성막의 문에서 물로 씻으므로 성결하게 하였다(출29:4).

아론과 그의 아들들은 성막에 들어가기 전에 손과 발을 씻어야 그들은 죽지 않았다. 이것은 그들에게 영원한 규례였다(출30:18-21).

아론은 거룩한 세마포 속옷을 입으며 세마포 속바지를 몸에 입고 세마포 띠를 띠며 세마포 관을 쓸지니 이것들은 거룩한 옷이라 물로 그의 몸을 씻고 입을 것이라(레16:4).

레위인은 속죄의 물을 그들에게 뿌리고 그들에게 그들의 전신을 삭도로 밀게 하고 그 의복을 빨게 하여 몸을 정결하게 하였다(민8:6-7).

스스로 죽은 것이나 들짐승에게 찢겨 죽은 것을 먹은 모든 자는 본토인이거나 거류민이거나 그의 옷을 빨고 물로 몸을 씻을 것이며 저녁까지 부정하고 그 후에는 정하려니와 그가 빨지 아니하거나 그의 몸을 물로 씻지 아니하면 그가 죄를 담당하리라(레17:15-16).

유출 병을 가진 자의 침대를 만진 자, 그가 앉은 자리에 앉았던 자, 그의 몸에 접촉된 자는 누구나 옷을 빨고 물로 목욕해야 하고 저녁까지 그는 불결하다 그의 옷을 빨고 물로 씻을 것이요 저녁까지 부정하리라(레15:5-7).

염소를 아사셀에게 보낸 자는 그의 옷을 빨고 물로 그의 몸을 씻는다(레16:26).

나병 환자가 깨끗해졌을 때 그는 그의 의복을 빨고 모든 그의 머리털을 밀고 자신을 물로 씻고 그리고 그는 깨끗하다(레14:8-9).

불결한 것의 접촉으로 불결하게 된 그릇은 물을 통과하여야 하고 저녁까지 불결하다(레11:32).

이 모든 구절은 영적 정결을 명령하고 있다.

제자의 발을 씻기심

제자들의 발을 씻기심은 겉사람이 깨끗해짐을 의미한다.

발이라고 하는 가장 낮은 부분까지 예수의 손길이 닿음으로 인간의 가장 외적 측면까지 구원하신다는 의미이다.

우리는 이 주제를 개인적으로 적용해서 받아들여야 한다.

예수께서 제자들의 발을 씻겨주시는 과정에는 다음과 같은 영적 의미가 담겨져 있다.

첫째로, 제자들의 발을 씻기 위해 만찬으로부터 일어나셨다.

예수와 함께 만찬에 참여하는 것은 영혼에 영양분을 공급 받는 것을 의미한다. 예수로부터 진리와 선을 공급받는 것이다. 최상의 진리와 선을 공급받을 때 인간은 삶의 길을 찾을 수 있다.

둘째, 예수는 윗저고리를 한쪽에 놓으시고 수건을 가져다가 허리에 두르시었다. 이제 예수는 하인과 같은 일을 시작하신다. 그분은 스승의 옷을 한쪽에 내려놓으시고 겸손하게 하인의 일을 담당하신다. 예수께서 지금 입고 계신 옷은 인간의 낮은 수준에 걸맞는 옷이다.

이런 옷을 입으시고 비천한 인간들과 사랑과 진리로서 교통하신다. 죄로 인해 타락한 인류의 상태에 부응되는 옷을 입으시고 인류에게 오셨다.

여기서 겉옷은 문자적 진리를 의미한다. 제자들의 발을 씻으실 때 허리에 두르셨던 수건은 깨끗한 흰 모시이다. 이는 진리를 따르는 자들의 정의를 상징한다. 수건을 허리에 두르심은 순종의 삶을 의미한다. 허리에 수건을 두르신다음, "대야에 물을 떠서 제자들의 발을 차례로 씻고 허리에 두르셨던 수건으로 닦아 주셨다(요13:5)."

셋째, 예수께서 대야에 물을 부으신다. 물은 진리를 상징한다. 그분은 진리의 근원되신다. 그분의 진리가 인간 마음 안으로 흘러 들어감을 상징한다.

대야에 물을 부으신 예수는 몸소 제자들의 발을 씻기를

시작하신다. 발은 인간 마음의 가장 낮은 수준을 상징한다. 마음에 있어서 가장 낮은 수준은 인간의 욕망이다.

인간의 욕망은 세상과 접촉하면서 자신도 모르게 더욱 더럽혀진다. 악에서 깨끗해짐을 '세례' 라고 한다.

예수께서 십자가를 앞에 두고 제자들의 발을 씻기심은 악한 행위뿐만 아니라 악한 동기를 깨끗하게 하시기 위함이다. 악한 동기는 자기의 공로(Merit)를 높이거나 스스로 의롭다고 여기는 독선(Self-Righteousness)이다. 이런 것이 제자들에게 따라오는 가장 큰 악의 위험이다. 이것이 거듭나야 한다. 순례자는 더러워진 발을 깨끗하게 씻을 필요가 있다.

인간 마음은 불순한 애정, 생각, 행동들과 접촉함으로 때가 묻는다. 더러운 말이나 생각에 쉽게 오염된다. 이는 부패된 인간 본성에서 올라오는 것이다. 제자의 역할을 하기 위해서는 먼저 묻은 때가 제거되어야 한다.

예수께서 제자들의 발을 씻으셨을 때 허리에 두르셨던 수건으로 닦으셨다. 발을 씻고 닦는 물과 수건은 진리와 선을 상징한다. 진리는 제자들의 발을 씻어내는 물이고, 진리의 선은 물기를 닦아내는 모시 헝겊이다.

진리는 깨끗함의 수단이고 선은 깨끗함을 완성하는 수단이다. 선은 진리의 열매이다.

넷째, 예수께서 제자의 발을 씻고 있는데, "시몬 베드로의 차례가 되자 '주께서 제 발을 씻으시렵니까?' 하고 말하였다(요13:6)."

베드로의 이 말속에는 겸손함이 들어있지만 사실은 의심도 함축하고 있다. 아직 그는 불완전한 믿음을 갖고 있음을 나타낸다. 하지만 그는 발이 씻어져야 한다는 것을 거절하지 않는다. 단지 그는 아주 비천하고 보잘 것 없는 발을 씻어 주시겠다는 예수의 제의에 자기 발을 선뜻 씻으라고 내놓는 것이 너무 뻔뻔스럽게 여겨진 것이다.

이는 겸손해야 된다는 생각에서 튀어 나온 말이다. 베드로의 마음은 선생님의 이런 행동에 대한 의미를 모르고 있는 것이다.

다섯째, "예수께서는 너는 내가 왜 이렇게 하는지 지금은 모르지만 나중에는 알게 될 것이다 하고 대답하셨다."

바로 지금 이 대답이 베드로에게 절실하게 필요했던 대

답이다. 지금은 알 수 없다는 이런 말씀은 섭리적 차원을 의미한다. 당시에는 그분의 사랑과 자비를 깨닫지 못하지만 나중에는 어떤 체험을 통해 알게 된다. 경험을 통해 알게 되는 지혜이다. 우리는 이런 깨달음을 얻기에 얼마나 게으른지 모른다.

이어서 베드로는 예수께 이렇게 사양을 한다. "안 됩니다. 제 발만은 결코 씻지 못하십니다."

아마 이 말은 제자된 자로써 스승되신 그분께 자신의 발을 씻기게 하는 것이 부담스러워서 하는 말이다. 하지만 다른 면으로 볼 때 이런 말에는 본성과는 다르기 때문에 오는 반감도 포함되어 있다.

베드로는 자기 발을 씻기시는 예수의 행동에 이의를 달았다. 그는 이런 행동이 의미하는 바를 깨닫지 못했다. 영원한 세계에서 그것이 얼마나 절실한 것인지 알지 못했다.

이는 단지 발을 씻는 정도가 아니라 그 속에는 무한한 의미가 담겨져 있다. 그분은 아직 그 의미를 깨닫지 못하는 제자에게 이렇게 말씀하시면서 강행하신다.

"내가 너를 씻어 주지 않으면 너는 이제 나와 아무 상관도 없게 된다."

물로 씻는 작업은 절대적으로 필요하다고 말씀하시는 예수의 단호함은 우리가 가장 심각하게 생각해야 하는 대목이다. 겉사람이 악으로부터 깨끗해지지 않으면 구원은 없기 때문이다. 발 씻어주는 행동 속에는 상징적 의미가 들어 있다.

죄의 오염에서 깨끗하지 않으면 구원은 있을 수 없다.

왜냐하면 그분은 인간 정결의 형상(Image)이기 때문이다. 그분은 깨끗해짐의 본보기(Pattern)이시다. 우리의 깨끗해짐과 그분의 구원하심에는 연결이 있으므로 그분과 우리가 상관있게 된다.

예수께서 제자의 발을 씻기지 않으면 아무 상관도 없게 된다는 진리는 속사람과 겉사람의 관계이다. 속사람과 겉사람이 연결되지 않으면 구원에 이를 수 없다는 의미가 된다. 예수의 강력한 호소에 베드로는 이렇게 대답한다.

"그러면 발뿐 아니라 손과 머리까지도 씻어 주십시오."

베드로는 아예 몸 전체를 씻겨 달라고 요청한다.

이는 예수와 연관되는 것이라면 뭐든지 하겠다는 진지함

이다. 하지만 이 말에는 베드로의 속사람과 겉사람의 차이에 대해 무지가 담겨 있다. 우리가 속사람과 겉사람의 차이를 알아야 하는 이유는 이 둘의 본성을 알고 이해해야만 이 속사람과 겉사람의 결합을 얻을 수 있다.

베드로의 경우, 처음에는 예수께서 발을 씻겨 주신다고 했을 때 거절한 것과 그 뒤에는 손과 머리까지 씻어 달라고 요청하는 장면에서 무지함과 깨달음의 차이를 알 수 있다.

여섯째, 예수께서는 이렇게 말씀하신다. "목욕을 한 사람은 온 몸이 깨끗하니 발만 씻으면 그만이다."

이 말씀의 깊은 의미를 생각해야 한다. 제자의 발을 씻는다는 것은 겉사람의 깨끗해짐이다. 이는 속사람이 깨끗해지는 것은 아니다. 손과 머리의 목욕은 속사람의 깨끗해짐이다.

이제까지 그분을 따라왔던 제자들은 이미 거듭났기 때문에 이들의 속사람은 깨끗해져 있다. 이들이 거듭나기 위해해야할 것은 없고 단지 지금 필요한 것은 속사람과 겉사람이 일치해야 하는 일만이 남아 있다. 즉, 하급의 거듭남과 상급의 거듭남과 하나 되는 일이 남아있다.

속사람과 겉사람이 하나가 될 경우 둘은 온전하게 된다.

베드로는 이미 속사람이 깨끗해졌다. 그러나 이 과정을 아직 통과하지 않은 한 사람이 있다. 거듭나지 않은 사람 가룟 유다이다. 그분은 이렇게 첨가하셨다. "그러나 모두가 다 깨끗한 것은 아니다."

아마도 이때 가룟 유다는 발을 씻지 않았을 것이다. 우리는 예수께서 제자들의 발을 씻겨주심의 사건을 통해 속사람과 겉사람의 원리를 이해해야 한다.

예수의 세례

세례 요한은 예수에 대해 이렇게 표현했다. "나는 이분이 누구신지 몰랐다. 그러나 물로 세례를 베풀라고 나를 보내신 분이 영이 내려와서 어떤 사람 위에 머무르는 것을 보거든 그가 바로 성령으로 세례를 베푸실 분인 줄 알라고 말씀해 주셨다(요1:32)."

비둘기는 내려왔을 뿐만 아니라 예수 위에 머물렀다.

지나쳐서 지나가는 방문이 아니라 계속 머무르는 상태이

다. 머무름은 의지 측면의 항구적인 상태이고 비둘기가 내려옴은 신성한 지혜가 작동함을 상징한다.

성령과 비둘기는 속사람의 의지와 겉사람의 순수 지혜를 상징한다. 이 구절을 잘못 해석하면 아버지, 아들, 성령을 분리해서 생각할 수 있다. 하지만 그분은 갈라질 수 없는 분이시다.

이는 신(神)의 신성이 인성 안에서 일하시는 것을 표현한 것이다. 비둘기는 사랑과 지혜의 영의 상징물이다.

신(神)의 영이 그분의 인성 안에 하강하는 것을 비둘기의 움직임으로 표현했다.

요한의 세례는 겉사람의 순수해짐과 거룩해짐을 의미한다. 그리고 이런 광경은 속사람 안에 있는 사랑과 지혜의 영이 겉사람 안으로 내려오는 것이다.

겉사람안에 신(神)의 영이 하강함은 그분의 공적 선교사업으로 들어가는 첫 관문이다.

요한은 "나는 이분이 누구신지 몰랐다. 그러나 물로 세례를 베풀라고 나를 보내신 분이 영이 내려와서 어떤 사람 위에 머무르는 것을 보거든 그가 바로 성령으로 세례를 베푸실 분인 줄 알라고 말씀해 주셨다."고 말한다.

요한은 신(神)의 영의 강림이 그분에게 임하는 장면을 보고 그분을 알게 되었다.

신(神)으로부터 오는 성령이 속사람의 의지와 이해를 통해서 겉사람의 순수해진 생활과 대화 속으로 하강하신 것을 본 것이다.

이는 요한이 그분을 이해하게 된 확실한 표징이었다.

이것을 개인에게 적용하면, 속사람의 의지와 이해가 겉사람의 삶에 하강함을 의미한다. 이를 두고 거듭난 삶이라고 한다.

거듭남은 예수께는 영화하심의 형상이고 우리는 그분을 알게 되는 표식이다.

4

속사람과 겉사람 관계

속사람과 겉사람

생명은 어떻게 오는가? 사랑이 각 개인의 이해력을 통해서 기억속에 들어가 이미 기억속에 저장된 진리와 만나서 둘이 하나를 이룬다. 이것이 생명의 질서이다.

이는 하늘에서 비가 내려와 땅을 적셔서 씨에 싹이 움트는 것과 같고 강 근원지에서 강줄기를 따라 바닷물에 흘러내려와 바다속에 사는 물고기를 먹여 살리는 것과 같다. 이 원리는 여호와 하나님에 의해 창설된 에덴 동산에서 네 줄기 강물이 흐르는 것과 같다.

에덴동산 중앙의 생명나무에서 시작한 사랑과 그 사랑으로부터 주어진 신앙은 속사람의 의지 안에 있다.

다시 말해서 모든 선의 근원지는 신(神)의 왕국이며 그 나라와 속사람과는 긴밀한 연결이 있고, 속사람에서 시작하여 겉사람에 영향을 미친다. 고로 겉사람이 믿음을 가지고 속사람의 사랑을 받아들이게 되면 생명을 얻게 되고 진정 사람다운 사람이 되지만, 굴복하지 않으면 짐승같이 된다.

겉사람이 믿음을 갖고 속사람을 받아들이도록 하기 위해 예수께서 제자 베드로에게 발을 씻겨 주신 것이다.

결국 속사람의 의지(Will)는 신(神)이 거하시는 처소이다. 고로 우리가 확실하게 알 수 있는 것은 인간의 의지로는 아무도 선을 행할 수 없다는 사실이다.

본래 유전악을 지니고 태어난 인간은 매우 탐욕스러운 존재이다. 인간의 의지라고 하는 것은 이기심뿐이다.

우리는 성경에 여호와 하나님께서 에덴 동산에 있는 동산 중앙에 있는 나무의 과실을 먹지 말라고 한 이유를 알아야 한다. 그 이유는 동산 중앙에 있는 생명나무는 인간을 살리는 생명 원리의 원천지이며 인간의 것이 아니기 때문이다.

다시 말해서 생명나무에서 모든 사랑과 신앙이 주어지며

만물을 살리기 때문이다.

 인간은 이 세상에서 살지만 동시에 속사람을 통해 천국 안에서 살도록 창조되었다. 인간은 사랑과 믿음을 가지고 이 세상에 살아가는 동안에 천국의 맛을 보면서 살아갈 수 있다.

 속사람은 모든 관념이 신(神)께 열려있다. 속사람의 모든 속성은 신(神)의 생명이다. 고로 영적인 사람은 신(神)께서 속사람을 통해서 겉사람을 다스리시는 것을 인식한다.

 하지만 세속적인 자들은 마음속의 두 사람을 알지 못하고 감각이 주는 본능대로 행동하며 관능적인 욕심으로 행동한다.

 이런 경우는 이기적인 욕심으로 살아갈 때 벌어지는 현상이다. 자만하며 자기만 사랑하며 자신의 기억력을 믿고 대단히 지혜로운 듯이 말을 하지만 실상 이 경우에는 겉사람이 왕 노릇한 상태이다.

 인간에게 선과 진리가 더 이상 드러나지 않으면 생명의 원리를 망각하게 되고 속사람과 겉사람은 갈등하며 투쟁하게 된다.

속사람에서 겉사람에게 생명이 주어지는 과정은 이렇다.

속사람 안에는 선과 진리가 들어있고 겉사람에는 기억과 상상력이 있다. 둘 사이를 연결하는 것은 합리성이다.

겉사람이 속사람에게 다가서기 위해서는 겉사람 안에 합리성의 매개체가 있어야만 한다.

합리성은 속사람과 겉사람 사이를 연결하는 매체이다. 합리성은 주로 겉사람이 시험, 불행, 아픔과 같은 경험을 할 때 뚜렷하게 드러난다. 합리성을 통해서 겉사람의 기억과 상상력은 속사람과 교류한다.

내적 질서

마음의 세계에는 수준의 차이가 존재한다. 마치 자신이 피라미드 모양의 거대한 크기의 삼각형 안에 있다고 하자. 그 위치에 따라 높고 낮음, 안과 밖의 거리 차이가 날 것이다.

하늘이 땅보다 높은 것처럼 상대적으로 높고 낮은 상태가 있다. 생각의 수준도 높고 낮음이 있다. 내적 생각은 높은 차원이며 외적 생각은 상대적으로 낮은 차원이다.

예컨대, 인간이 아무리 높은 수준이라고 할지라도 천사의 입장에서 보면 낮은 차원이다. 또한 자연 만물은 영적인 면에 비해 낮은 차원이며 몸은 마음보다 외적이며 낮은 차원이다. 이와 마찬가지로 겉사람의 지식은 진리에 비교하면 외적이고 진리는 선에 비교하면 외적이다.

수준 차이가 있는 것은 흐름의 질서 때문이다. 물이 높은 데서 낮은 데로 흐르듯이 진리도 역시 안에서 밖으로 흐르며 높은 데서 낮은 데로 흐른다. 이것이 흐름의 질서이다. 다만 장애물이 있어서 막히지 않는다면 계속 흘러든다.

물이 샘물의 근원지에서 시냇물로 흐르며 강과 바다를 이루듯이 속사람의 사랑은 겉사람의 진리로 흘러서 겉사람을 계발시킨다. 이런 과정으로 생명이 흘러 내면의 질서를 세워준다.

두 광명체

속사람과 겉사람은 태양과 달에 비유할 수 있다. 태양의 빛이 달에 비추면 달은 그 빛을 반사한다. 태양이 달의 반사로부터 빛을 발하듯이 의지는 이해를 통해 빛을 발한다. 의지에서 이해에 빛을 비추면 이해는 진리의 깨달음을 얻는다. 의지는 태양에, 이해는 달에 비유할 수 있다. 이와같은 원리로 속사람에서 겉사람에 빛을 비추게 된다.

두 광명체라고 하는 것은 사랑과 진리를 의미한다. 왜냐하면 사랑에서 감동되고 진리로 계발되기 때문이다.

'하나님이 두 큰 광명체를 만드사 큰 광명체로 낮을 주관하게 하시고 작은 광명체로 밤을 주관하게 하시며 또 별들을 만드시고 하나님이 그것들을 하늘의 궁창에 두어 땅을 비추게 하신다(창1:16-17)’는 말의 의미는 무엇인가?

큰 광명체가 낮을 주관한다는 말은 사랑에 관한 부분을 의미한다. 낮은 사랑의 상태를 상징한다. 작은 광명체가 밤을 주관한다는 의미는 믿음의 상태를 의미한다. 그리고 땅은 인간을 의미하는데, 인간에게는 사랑과 믿음이 주관하고 있음을 의미한다.

“해가 어두워질 것이고, 달은 그녀의 빛을 주지 않을 것이며, 별들은 천국으로부터 떨어질 것이다. 그리고 천국들의 권능들이 흔들릴 것이다(마24:29).”는 구절이 있다. 이는 사랑과 믿음이 모두 사라질 것을 상징한다. 해가 어둡게 되는 것은 사랑이 식어지는 것을 의미하고, 달이 빛을 내지 않는 것은 믿음이 떨어지는 것이며 별이 천국으로부터 떨어지는 것은 하늘 나라의 지식이 소멸될 것을 상징한다.

예수는 변화산에서 그 모습이 변모하심을 통해서 “그분의 얼굴은 태양같이 빛을 발했고 그분의 의복은 빛같이 희었다(마17:2).”고 했다.

예수의 얼굴에서 태양같이 빛을 발했다고 하는 것은 사랑이 온다는 것을 의미한다. 천국의 생명은 모두 사랑에서 주어지기 때문이다.

"일어나서 빛을 비추어라. 구원의 빛이 너에게 비치었으며 주님의 영광이 아침 해처럼 너의 위에 떠올랐다. 어둠이 땅을 덮으며, 짙은 어둠이 민족들을 덮을 것이다. 그러나 오직 너의 위에는 주께서 아침 해처럼 떠오르시며, 그의 영광이 너의 위에 나타날 것이다. 이방 나라들이 너의 빛을 보고 찾아오고 뭇 왕이 떠오르는 너의 광명을 보고, 너에게로 올 것이다...주께서 너의 영원한 빛이 되신다(사 60:1-3, 20)."

여기서 태양은 신성을 의미한다.

하늘과 땅

하늘과 땅은 속사람과 겉사람으로 비유한다. 그 이유는 하늘은 높고 땅은 낮기 때문이다.

"너희는 잊었다. 너희를 지으신 하나님, 하늘을 펴시고 땅을 세우신 주님을 잊었다. 압박자들이 너희를 멸망시키려고 한다 해서 압박자들의 그 분노가 두려워서 너희는 날마다 떨고 있다. 그러나 압박자들의 분노가 어디에 있느냐?...내가 나의 말을 너의 입에 맡기고, 나의 손 그늘에 너를 숨겨 준다. 나는 하늘을 폈으며 땅의 기초를 놓았고 시온에게 '너는 나의 백성'이라고 말하였다(사51:13, 16)."

여기서 "하늘과 땅"은 사람을 표현하였다.

사람의 마음속에는 하늘과 땅이 존재하며 하늘로부터 땅

에 비를 내려준다.

우리는 창세기에서 왜 '하나님이 하늘과 땅을 창조하실 때...사람이 아직 없었다'고 말했는지 그 의미를 생각해야 한다(창2:4). 그 이유는 하늘과 땅은 마음을 말하기 때문이다.

속사람과 겉사람의 상응

속사람 안에는 리메인스(선의 그루터기)가 있으며 선과 진리에 대한 애착이 있다. 하지만 겉사람 안에는 추론과 그로부터 파생되는 거짓이 있다. 겉사람 안에 있는 이런 요소가 제거되지 않으면 속사람으로부터 선과 진리를 받을 수 없다. 속사람과 소통하는 길이 열리지 않는다.

그러면 이런 문제를 어떻게 해결할 수 있을 것인가?

어떻게 해야 겉사람이 속사람의 선과 진리를 공급받을 수 있는가? 겉사람의 악과 거짓이 제거되어야 한다.

인간이 고통과 시험을 당하게 되면 악과 거짓이 벗겨지게 된다. 시험을 통과하게 되면서 깨달음을 얻게 되어 겉사람은 속사람에게 종속된다.

신(神)이 인간에게 시험을 허용하시는 목적은 바로 이런 이유에서이다.

인간에게 불행, 질병, 슬픔 같은 것이 몰려와서 겉사람의 애착이 깨지고 추론이 줄어들게 되면 바르게 살고자 하는 마음이 올라온다. 즉, 변화가 찾아온다. 죽음을 맞이하는 순간에도 이와 동일하게 작동한다.

이와 반대로 시험을 당할 때 겉사람이 속사람에게 순응하지 않고 본능적 애착이 증폭되면 겉사람의 추론과 세속에 대한 즐거움이 속사람의 선과 진리를 가로 막는다.

고로 우리가 알 수 있는 것은 양심의 가책이 마음의 고통으로 다가오게 될 때 겉사람은 속사람에게 순종하든지 아니면 속사람을 무시하든지 한다는 것이다. 인간은 둘 중 하나를 선택하게 된다.

겉사람이 속사람에게 순종하게 되면 선하고 참된 것에 대해 애착을 가지게 되는데, 다음과 같은 결과가 주어진다.

"네가 데리고 있는 살과 피를 지닌 모든 생물들 곧 새와 집짐승과 땅 위에서 기어다니는 모든 길짐승을 데리고 나가거라. 그래서 그것들이 땅에서 생육하고 땅에서 번성하게 하여라(창8:17)."

땅에서 생육하고 번성하는 것은 속사람이 겉사람 안에서 활동함을 말한다. 열매를 많이 맺음은 겉사람 안에서 선이 불어남을 의미하고 번성함은 진리가 불어남을 의미한다.

새는 이해력을 상징하고 짐승은 의지력을 의미한다. 이는 속사람과 소통하는 상태를 의미한다. 그리고 '데리고'는 자유의 상태를 의미한다.

말씀에 드러난 속사람과 겉사람

우리는 문자 속에는 의미가 담겨 있음을 안다. 고로 말씀을 읽을 때 그 의미를 이해해야 한다. 말씀은 일반적으로 네 가지의 문체가 있다.

첫 번째 문체는 창세기에 등장하는 아담과 하와 이야기, 뱀과 대화하는 그런 장면이다.

사실 이 부분에 대해 성경을 읽는 현대인들은 신화적인 장면을 접하는 것 같아서 콱 막히게 되는 것이 사실이다.

이런 이야기는 오늘 현대인이 읽기에는 부적당한 신화 같이 들린다. 혹 어떤 이들은 이런 것을 문자 그대로 받아들여 당시에는 뱀이 말을 하였으며, 사람들과 가장 잘 어울렸던 동물 중의 하나라고 여긴다. 또 당시에는 아담과 하와 두 명만 존재했던 것으로 생각하기도 한다.

그러나 "아담" 이라는 말의 의미는 사람이라는 뜻이며 뱀도 무엇을 의미하는 상징성이다.

이런 식의 표현은 고대인들의 표현 방식이다. 이런 표현 방식은 자연을 진리의 교과서로 여겼던 사람들의 대화 방식이다. 흔히 어른들의 대화 중에 '저 돼지 같은 놈, 여우 같은 년' 등의 말을 하는 경우가 있는데, 실제 사람을 평가할 때 돼지라고 하는 말은 돼지가 의미하는 상징을 표현한 것이다.

이는 자연 만물을 영적으로 이해하는 방식이다. 자연 만물에 의미를 부과하는 수준 높은 지혜이다.

두 번째 문체는 역사서이다. 이는 아브람 때로부터 여호수아, 사사기, 사무엘, 열왕기 등에서 나타난다.

이 책 안에 있는 역사적 사실을 단순하게 사실에 근거한 정도로 보면 그 사건이 매우 잔인하고 혹독하다.

어느 분은 내게 이렇게 물었다. "왜 하나님은 구약시대에 그렇게 전쟁을 많이 하였으며 사람들은 많이 잔인하게 죽이셨나요?" 성경을 역사책으로만 본다면 이런 의문을 가질 수밖에 없다.

역사서에 등장하는 전쟁이나 땅을 뺏고 빼앗기는 내용을 단순하게 역사적 사실로만 이해한다면 하나님은 잔인한 분이다. 그러나 우리는 단순하게 역사적 사실보다 그 속에 숨어 있는 깊은 의미를 이해해야 한다. 성경의 스토리가 아무리 잔인하고 혹독하더라도 그 속에 숨어 있는 영적 의미를 발견하지 못한다면 진정 성경의 교훈을 얻지 못하게 될 것이다.

세 번째 문체는 선지서이다. 이 책에는 예언이 가득하다. 이것도 역시 고대에 주로 사용해왔던 상징적 의미가 담겨 있다. 이런 문체는 문자 자체보다 내적 의미가 들어 있다.

그것을 알지 못하면 전혀 이해가 불가능하다. 그 속에는 깊은 신비가 들어 있다. 그리고 이런 신비 속에는 큰 맥락이 흐른다. 속사람과 겉사람, 교회, 상태, 천국에 관련된 내용을 포함하고 있다.

네 번째 문체는 시편이다. 이는 선지서와 현대인이 사용하는 시적 언어 중간 정도에 해당되는 문체이다.

시편은 다윗의 고난을 통해서 메시야가 죄악과의 투쟁을 예시하고 있다.

아브라함이 원로 종에게 말했다.

"집의 원로 종"은 겉사람을 의미한다. 종은 주인을 섬기는 자이다. 즉, 아래쪽이 위쪽을 섬기고 바깥쪽이 안쪽을 섬기는 것이다.

종은 겉사람의 지식을 의미한다. 겉사람의 기억은 다만 어떤 가치를 위해 섬기는 일을 한다. 즉, 지식이 합리성을 섬길 때 공평하게 생각하고 공정하게 뜻하게 된다.

기억적 지식은 속사람이 겉사람에게 들어가기 위해 필요한 길을 안내한다.

아브라함이 종에게 말함의 의미는 거룩한 신성이 겉사람의 질서 안에 흘러드는 것을 의미한다. 겉사람의 질서는 속사람 혹은 합리성에 의해 정리된다. 사실 합리적 지식을 인간들은 잘 알아차리지 못한다.

합리성에는 공평, 공정, 옳바름, 선을 지각하는 사고력이 있는데, 이것으로 인간과 짐승이 구별된다. 이런 덕목은 영적 애착으로만 분별이 가능하다.

합리성이 겉사람에 들어오게 되면 진리 애착을 자극한다. 합리성은 겉사람으로 하여금 관찰하여 판단하는 능력을 만들어낸다. 중요한 것은 기억이 합리성을 섬겨야만 온전해진다는 것이다. 이 말은 기억이 합리적이 될수록 속사람과 가까워진다는 뜻이다. 그래야만 선을 추구할 수 있다.

또한 속사람의 선이 겉사람 안에 들어오게 되면 아름다움을 만든다. 인간의 모든 아름다움은 여기에 있다.

선한 자들을 보면 선에 대한 애착에서 그 아름다움이 풍겨 나온다. 우리가 자연을 보면서 아름다움에 감탄하고 감동하는 것은 자연 자체의 형상보다 그 속에 보이지 않는 생명력 때문이다. 자연 만물 속에 들어있는 생명력과 창조주의 섭리를 보고 감탄하는 것이다.

예컨대, 어린이들의 얼굴을 보면서 예쁘다고 감탄하는 것은 내면에 있는 순진무구함이 얼굴과 몸짓, 말에 드러나기 때문이다.

사랑과 진리

사랑 없는 선은 존재하지 않는다. 이웃을 위해 헌신하거나 의를 위해 목숨을 내놓을 때는 이미 선이 전제되어 있기 때문이다. 누군가와 서로 부둥켜 끌어안을 때는 반드시 사랑이 있는 것이다. 사랑은 본질적으로 선 안에 있는 사랑이다.

속사람의 선도 사랑으로부터 존재한다. 속사람은 겉사람과 교류할 때 사랑으로 교류하며 동시에 진리와 결합을 이룬다. 겉사람 안에 있는 진리는 어려서부터 지금까지 자신도 모르는 사이에 보이지 않게 기억에 심겨진 것이다.

속사람은 사랑으로 결합한다. 신(神)은 모든 사랑의 근원이시다. 고로 진정한 사랑은 하늘에서 주어진 것이다.

사랑은 두 겹으로 구성되어 있다.

즉, 신(神) 사랑과 이웃 사랑이다. 이 사랑 안에는 선이 담겨 있다. 사랑에 선이 있기에 사랑하는 자는 곧 진리 가운데 있게 된다. 선이 없으면 생명 없는 것에 불과하다.

고로 인간은 사랑과 선을 통해서만 생명을 받는다. 결국 사랑 안에 선이 있지 않으면 온전한 신앙은 존재하지 않는다. 신앙은 사랑에 의거하여 존재하기 때문이다.

어떤 이들은 신앙을 확신으로 생각한다. 그래서 구원의 확신이 있느냐를 물어보고 구원의 확신이 없으면 천국에 들어가지 못한다고 말하기도 한다. 하지만 분명한 것은 구원은 경직된 신념에 근거하는 것이 아니라는 사실이다.

확신이라는 것은 다만 어떤 두려움이나 고통, 번민 가운데 있을 때 악령의 꾀임에 대항하기 위해 필요한 것이다. 시험을 극복하기 위해 필요할 뿐이다.

병듦이나 불행, 죽음이 임박했을 때, 두려움을 이겨보고자 하는 확신은 인간을 구원하는 것이 아니다. 가끔 적극적 사고방식을 구원으로 강조하는 이들이 있는데 이들은 구원과 위기 타파하는 확신을 구별하지 못하는 자들이다.

만일 이런 확신으로 구원받을 수 있다면 아마 세상에서 구원받지 못할 인간은 없을 것이다. 어떤 이는 확신을 강조하는데 그보다 더 중요한 것은 옳바른 진리이다.

고로 진정한 확신은 선에 대한 확신이다. 신앙의 확신을 가지고 구원 받았노라고 주장한다면 이는 가짜 믿음에 불과하다. 어떤 이들 중에는 구원의 확신을 가지면 구원이 되는 양 떠들어 댈 뿐만 아니라 입으로만 고백하면 즉각 구원을 얻는다고 까지 말한다.

나는 깡패 두목이 T.V에 출연해서 간증하는 것을 보았다. 그의 얼굴에서는 지난 삶이 말해주듯이 사악한 기운이 흘러넘쳐 보였다. 그는 대중들 앞에서 자신은 교회 집사이며 지난 악행조차도 하나님이 인도하셨다고 자랑하였다.

그는 뻔뻔스러운 얼굴로 자신이 얼마나 하나님의 사랑을 받은 존재인가를 역설하였다. 얼마 후 그는 어떤 연예인을 협박하여 감방에 들어가는 신세가 되었다. 아마도 그는 바위같은 확신을 느끼고 구원받았노라고 그런 식으로 말했을 것이다.

진정 우리에게 필요한 확신은 선에 대한 확신이다. 자유의 상태에서 선을 선택했을 때 오는 확신이다. 고통스러운 환경에서 장애물을 이겨보고자 하는 확신이 아니라 장애물을 초월한 상태에서 올라오는 확신이다. 병영적 확신은 선과 진리가 결합한 믿음에서 주어진다. 이를 두고 야고보는 행함 있는 믿음이라고 말했다.

5
결합

속사람과 겉사람의 결합

 속사람과 겉사람의 결합이 이루어지기 위해서는 먼저 겉사람안에 진리에 대한 애착이 있어야만 한다. 그래야만 속사람과 결합이 시작된다. 이런 애착은 목적에 따라 다양하다. 목적에 의해 삶이 결과되기 때문이다. 인간은 목적에 의해 활기를 갖고 생명이 주어진다.

 고로 생명은 목적에서 주어진다. 목적이 곧 사랑이기 때문이다. 목적은 생명을 끌어당긴다. 목적 외의 것은 단지 파생물에 불과하다.

 그러므로 누구든지 무슨 목적을 가졌는지 파악된다면 그가 어떤 종류의 생명을 가졌는지를 확실히 알 수 있다.

목적에는 최종 목적과 셀 수 없이 많은 중간 목적이 존재한다. 최종 목적이 가장 중요한 목적이며 최종 목적을 위해서 중간 목적이 존재한다.

만일 세상에서 자기만 배불리려는 것에 최종 목적를 두고 살았다면 그는 언젠가 지옥에 떨어진 자신을 발견하게 될 것이다.

그러나 자기를 희생하고서라도 이웃을 사랑하고 사회에 선을 실천하는 데 최종 목적을 두었다면 그는 천국에 가 있는 자신을 발견하게 될 것이다.

그러면 속사람과 겉사람의 결합은 어떻게 이루어지는가?

첫째, 속사람과 겉사람의 결합은 시험을 통과하면서 선의 승리로 인해 이루어진다. 속사람과 겉사람의 결합은 선에 비례하여 이뤄진다. 예수는 이 땅에서 오셔서 육신을 입으신 이후로 어린 시절로부터 삶의 마지막까지 수많은 시험을 거치셨다. 그리고 시험에서 승리하심으로 하나님 아버지와 하나됨을 이루셨다. 이는 속사람과 겉사람의 결합이다.

둘째, 속사람 안에 있는 선과 진리는 겉사람 안에 있는 악과 거짓과 서로 다투다.

이렇게 둘 사이에 투쟁하는 이유는 양심 때문이다. 양심을 가진 자는 자신안에 속사람과 겉사람의 투쟁을 관찰한다. 양심은 세속을 따라가려는 겉사람과 선과 진리를 추구하려는 속사람 사이에서 갈등이 일어나고 있음을 깨닫고는 고민을 한다. 하지만 양심조차 없는 자들은 그나마 이런 관찰도 불가능하다. 양심에 문제가 있는 자들은 아무리 신(神)께서 선과 진리를 주신다고 할지라도 그것을 소멸시켜 버리기 때문에 어떤 투쟁도 없다.

사랑의 결합

속사람과 겉사람의 결합은 믿음과 선행의 결합이요 선과 진리의 하나됨이다.

예수께서는 여호와 하나님과 결합의 질서에 따라 자신을 신성으로 만드셨다. 그리고 지금도 결합의 질서에 따라 인간을 거듭나게 하신다. 인간은 거듭남에 비례하여 자연성에서 점차적으로 신성으로 변화한다.

거듭남은 신성(Glorification)의 형상이다.

결합은 인간을 내적으로 발전시켜 외적인 변화를 가져온다. 즉, 진리와 선이 결합하여 성숙에 이르게 한다. 결합의 증거는 진리가 행위 안에서 열매 맺음이다.

행위 안에서 열매 맺음은 어떻게 나타나는가?

진리의 목적은 신(神)을 사랑하고 이웃을 사랑하는 것이다. 이를 진리로부터의 선이라고 부른다. 진리를 통해서 선의 열매를 거두기 때문이다. 진리가 선과 결합할 때 겉사람은 속사람과 결합한다. 이 결합은 진리가 선에 비례하는 정도만큼 이뤄진다.

예컨대, 만일 어떤 사람이 순수한 마음을 가지고 진리를 이해하고 진리를 실천한다고 하자. 우선 그에게는 사랑의 습관이 형성된다. 그가 더욱 진리를 실천하게 되면 더욱 순수해지고 이제는 진리의 동기가 아니라 선의 동기로 행동하게 된다. 만일 그가 그렇게 일생을 살았다면 그는 세상에서 이룬 선의 열매가 사후에 남게 되어 천국으로 인도된다.

결합은 의지의 산물이다. 속사람과 겉사람의 결합은 선한 의지에서 이루어진다. 선한 의지가 있으면 반드시 진리를 사모하게 된다. 왜냐하면 선은 진리를 애착하고 진리는 선을 애착한다. 생명은 진리 자체에 있는 것이 아니라 진리가 선과 연관을 맺을 때 생명이 있기 때문이다. 인간이 진리로 말미암아 감동된다는 것은 진리 자체가 아니라 진리 안에 흐르는 선 때문이다. 선의 의지를 가지고 진리를 찾을 때 만이 진리는 선과 결합한다. 결코 악과 결합하는 일이 없다.

오늘날 많은 이들이 성경을 공부한다. 그리고 성경을 통해서 깨달음을 얻는 이들도 많다. 하지만 우리가 알아야 할 것은 성경은 공부하는 데 있는 것이 아니라 실천하는 데 있다. 그런데 진리를 배워서 실천하고자 하는 이들은 매우 적은 것이 현실이다. 신(神) 사랑과 이웃 사랑을 실천하고자 하는 목적으로 성경을 읽는 자가 진정 진리에 대한 애착을 가진 자이다.

혹자는 말씀을 가지고 자기 주장과 고집을 내세우는 이들도 있다. 이른바 교리적 도그마(Dogma)에 머문다. 이들은 자신의 독단적 논리를 증명해줄 근거를 성경 말씀에서 찾아낸다. 이런 수고를 하지만 이런 수고는 진정 진리에 대한 애착이 아니다. 진리는 실천하는 데 있다. 고로 욕심을 가지고는 선을 목적할 수 없다.

속사람과 겉사람의 일치

속사람은 겉사람과 하나되기 위해 힘쓴다. 하지만 일치되지 않는 이유는 겉사람 안에 있는 악과 거짓 때문이다.

속사람과 겉사람의 일치는 태양과 자연 만물의 관계와 같다. 태양의 열기와 빛이 없으면 만물은 얼어 죽을 수밖에 없다.

고로 선이 없으면 진리는 무용지물이고 사랑이 없으면 신앙 또한 아무 것도 아니다. 영적인 것이 자연적인 상태 안으로 흘러 들어와야만 한다. 보이는 것은 보이지 않은 것에서 시작되기 때문이다.

예수께서 세상에 오신 목적은 거듭남을 통해서 속사람과

겉사람이 하나 되도록 하기 위함이다. 둘이 일치하는 것은 신(神)의 뜻이다. 예수는 속사람과 겉사람이 완전하게 결합되신 분이시다. 그러므로 그분 외에는 둘을 결합시킬 수 있는 분이 없다.

이 세상 그 누가 둘을 결합할 수 있겠는가? 예수 안에 있는 사랑과 선은 온전하게 속사람과 겉사람의 결합을 이끈다. 사랑과 선은 둘을 하나되게 하는 접착제와 같다.

그런데 속사람과 겉사람이 분리되는 이유는 영적으로 진리를 잘못 이해하거나 육체적인 쾌락을 추구하기 때문이다. 영적인 면은 속사람에게 영향을 미치고 육체적인 면은 겉사람에 영향을 준다. 하지만 그럴지라도 사랑과 선은 둘을 결합시킨다.

좀 더 자세하게 설명하자면 속사람 안에 있는 영적 선과 겉사람의 자연적 선이 하나되고, 속사람의 영적 진리와 겉사람의 자연적 진리가 결합된다. 둘 사이에 조금이라도 불일치한 요소가 있으면 결합할 수 없다.

그러므로 속사람의 입장에서는 겉사람의 불일치한 요소가 제거되기를 바란다. 그것이 제거되어야만 속사람의 선이 나타날 수 있다. 이 일은 인간이 노력하고 신(神)이 제거하신다. 그분만이 악을 제거할 수 있다.

속사람은 겉사람의 악이 활동하지 못하도록 제어하는데, 악이 활동하지 못하면 선은 흘러들어서 겉사람에게 영향을 미치고 결합하게 된다.

그러면 어떻게 해야 겉사람이 속사람과 결합할 수 있는가? 먼저 겉사람이 진리로 인하여 깨달음을 얻어야 한다. 겉사람이 삶을 통해서 무엇인가를 깨달을 때가 속사람과 결합할 수 있는 기회이다.

겉사람이 고난 속에서 인간의 무력함과 한계를 느끼고 신성한 통찰력을 얻을 때 그는 깨달음을 얻게 된다. 그 때 겉사람은 선과 진리에 관한 아름다운 것을 보게 된다.

마치 이스라엘 민족이 광야 생활을 거쳐 요단강을 건너 젖과 꿀이 흐르는 가나안 땅에 들어가는 것처럼 겉사람은 고난을 통해 속사람에 접근하게 된다.

속사람과 겉사람의 분리

겉사람과 속사람이 분리되는 경우는 다음과 같다.

첫째, 속사람에 관한 지식이 없는 경우이다. 속사람의 지식이 없는 이유는 인간이 감각에 도취되어 살아가기 때문이다. 감각으로는 지각에 이를 수 없다.

둘째, 속사람의 원리를 믿지 않기 때문이다.

속사람의 원리는 신(神) 사랑과 이웃 사랑이다. 누군가 자아 사랑과 세상 사랑을 가지고 살아간다면 속사람과 분리될 수 밖에 없다. 세속에 깊이 물든 인간은 죽음 이후의 세계를 믿지 않는다. 영혼이 육체에서 분리되어 저 세상에 도달하고 그 세계에서 살게 됨을 믿지 않는다.

죽음이란 그저 모든 것이 연기같이 사라지는 것에 불과하다고 여기거나 혹은 혼백이 흩어져 모든 것이 산산조각이 날 뿐이라고 믿는다. 이렇게 생각하는 이유는 삶의 목적이 세상이 전부라고 여기기 때문이다.

이들은 자아 사랑과 세상 사랑이 속사람과 겉사람을 분리시킨다는 사실을 이해하지 못한다. 자아 사랑과 세상 사랑이 주는 쾌락의 기쁨이 달아오르면 이것을 진정한 행복이라고 여긴다. 그래서 자아 만족 밖에는 아무 것도 눈에 보이지 않는다. 결국 자기를 섬기는 것 말고는 아무도 섬기지 않는다. 신(神)을 섬긴다고 말하지만 이는 포장된 말에 불과하다. 자기 사랑 안에 지배 본능을 감추고 있는 것이다. 고로 자기 사랑에서 이웃 사랑으로 넘어가야 한다. 결코 우리는 자신을 찬양해서는 안 된다. 이웃 사랑없이 자신만을 높이는 것은 배설물에 날아드는 똥파리를 아름답다고 여기는 것과 같다. 이렇게 해서 속사람과 겉사람이 분리된다.

그러나 반대로 자신의 본래의 모습을 인식하면 자기 사랑에서 멀어지고 자신이 어떤 존재인지를 알게 되고, 자신은 깨끗하지 못하며 가치가 없다는 사실을 알게 되면 천국을 받을 준비를 하게 된다.

인간은 이런 사실을 깨닫는 만큼 신(神)으로부터 사랑을 받게 되어 타인을 섬기게 된다. 예수께서 이런 말씀을 하셨다.

"너희 가운데서 위대하게 되고자 하는 사람은 누구든지 너희를 섬기는 사람이 되어야 하고 너희 가운데서 으뜸이 되고자 하는 사람은 종이 되어야 한다(마20:26,27)."

고로 우리는 작은 자 혹은 종이 되기를 바라야만 한다.

그것은 이웃 사랑만이 천국적이기 때문이다. 이웃 사랑만이 지옥으로 떨어지는 우리를 붙잡아 주시기 때문이다.

결론적으로 속사람과 겉사람이 분열되는 제 1 원인은 자아 사랑이다. 또한 속사람과 겉사람을 하나로 만들어주는 것은 이웃 사랑이다. 이웃 사랑과 자아 사랑은 서로 반대된다. 이웃 사랑 가운데 있으면 속사람 안에 있는 것이다.

이웃 사랑 안에 있는 자는 선하고 참된 모든 것이 자기 것이 아닌 신(神)의 것임을 인정하고 믿는다. 타인을 자신같이 사랑하는 능력은 신(神)께서 자기에게 사랑을 주셨음을 믿기 때문이다. 자기속에 있는 사랑이 신(神)의 것임을 인정하지 못하는 만큼 그는 그분이 주시는 행복에서 멀어진다.

속사람과 겉사람의 일치와 불일치

속사람과 겉사람이 일치할 때와 불일치 할 때는 차이가 있다. 즉, 일치할 때는 겉사람이 아주 아름답지만 불일치할 때는 겉사람은 매우 추하게 된다.

겉사람이 속사람을 섬길 때, 겉사람의 지식은 더욱 지혜롭게 된다. 반대로 겉사람이 자신만을 높일 때는 탐욕이 가득차서 더욱 미련하고 어리석은 상태로 떨어진다.

지식을 기억에 쌓아두고 스스로 만끽하는 것을 두고 탐욕적 지식이라고 한다. 선용의 목적없이 자신만을 위한 목적으로 사용하는 지식을 말한다.

예수께서 속사람과 겉사람의 하나됨에 대해 이렇게 말씀하셨다.

"빌립이 그분에게 말한다, 우리에게 아버지를 보여주십시오,... 예수께서 그에게 말하신다, 내가 너희와 이렇게 오랜동안 있어 왔는데, 그럼에도 너는 나를 몰랐다는 말이냐, 빌립아! 나를 보았던 자는 아버지를 보았던 것이다. 그리고 우리에게 아버지를 보여 달라 하고 네가 말함은 어찌된 일이냐?...내가 아버지 안에 있고, 아버지가 내 안에 계심을 너는 믿지 못하느냐?...내가 아버지 안에 있고 아버지는 내 안에 계시다는 것을 믿어라(요14:6,8-11)."

여기서 아버지는 예수의 속사람을 두고 말한다. 예수께서 아버지 안에 있다는 말은 겉사람과 속사람의 일치됨을 의미한다. 속사람이 겉사람 안에서 활동하는 동안 겉사람은 속사람으로부터 생녕을 받는다.

"예수께서 이 말씀을 하시고 눈을 들어 하늘을 우러러 이르시되 아버지여 때가 이르렀사오니 아들을 영화롭게 하사 아들로 아버지를 영화롭게 하게 하옵소서…아버지여 창세전에 내가 아버지와 함께 가졌던 영화로써 지금도 아버지와 함께 나를 영화롭게 하옵소서(요17:1,5)."

여기서 영화롭게 된다는 말은 예수께서 유전 악을 추방하시고 인간 본질을 정화하셨다는 말이다. 즉, 겉사람과 속사람의 결합이다. 인간은 지식을 수단으로 사람이 되어간다. 예수께서도 인간과 마찬가지로 어려서부터 교육받으셨고 그분의 기억 안에 하늘의 것을 저장하셨다.

그러면 겉사람과 속사람의 일치와 불일치의 차이는 무엇 때문인가? 속사람과 겉사람이 하나되는 것을 합일(Union)이라고 하고 분리되는 것을 분열(Disunion)이라고 한다.

첫째, 인간이 이기심을 가지고 세상에 목적을 두면 그 목적은 속사람과는 부딪힌다. 이런 세속적 목적이 사라지지 않으면 속사람과 겉사람은 불일치할 수밖에 없다.

따라서 속사람과 겉사람이 일치하려면 목적이 바뀌어야

한다. 자아 사랑과 세상 사랑은 자아와 세상을 중요시하기 때문에 신(神) 사랑과 이웃 사랑과는 불일치할 수밖에 없다. 자신과 세상 사랑의 목적은 아래쪽을 향하고 신(神) 사랑과 이웃 사랑은 위쪽을 향하고 있다.

둘째, 선에 대한 기쁨과 즐거움이 있다면 속사람과 겉사람이 일치한다. 선에 대한 기쁨과 행복은 속사람에서 나온다. 속사람과 겉사람 사이에는 목적이 존재하므로 그 목적을 살펴보아야 한다. 그 이유는 사랑이 목적이기 때문이다. 예컨대, 어린아이의 장난스런 몸짓은 마음속에 있는 순진함이 드러난 것이다. 아이들의 행동을 통해 순진무구함이 밖으로 표출되었다.

셋째, 속사람과 겉사람의 일치를 무너뜨리는 것은 탐욕과 거짓이다. 이는 속사람으로부터 겉사람을 분리시킨다. 탐욕은 의지에서 오고 거짓은 이해에서 온다. 이 둘이 내면을 지배하면 속사람으로부터 겉사람을 분리시킬 뿐 아니라 겉사람을 파괴시킨다.

넷째, 예수께서 이 땅에 오신 목적은 겉사람이 완전 파손되었기 때문에 겉사람을 회복시켜서 둘이 일치되도록 하기 위해 오셨다.

사실 사람들은 무엇이 겉사람과 속사람을 불일치 되게 하는지 잘 알지 못한다. 그 이유는 지식이 없기 때문이고 다른 하나는 믿지 않기 때문이다. 또한 쾌락 일변도의 삶이 내면을 가리워서 속을 볼 수 없기 때문이다. 결국 겉사람이 눈이 어두워서 속사람을 보지 못하기 때문이다.

인간은 마음의 눈으로 행위를 본다. 즉, 마음 안에서는 밖을 내다볼 수 있지만 밖에서는 안을 결코 볼 수 없다. 우리가 밖을 보지만 그것을 인식하는 것은 내면이다.

예컨대, 눈동자 자체로는 사물을 인식할 수가 없다. 먼저 사물을 눈동자가 촬영을 하고 그 후에 인식을 한다. 그 반대로는 불가능하다. 고로 속사람은 겉사람을 통해서 세상을 인식한다.

속사람과 겉사람의 불일치되는 또 다른 이유는 인간이 죽음을 통해서 영혼이 육체로부터 분리되는 것을 믿지 않기 때문이다. 육체적인 인간은 아무리 생각해도 영혼의 분리를 이해하지 못한다. 불가능한 일이라고 결론을 맺는다.

이들은 육체 안에만 생명이 있다고 믿는다. 그리고 사후에는 삶이 없다고 확신한다. 이런 인간의 삶은 동물과 별반 다르지 않다.

다섯째, 속사람과 겉사람의 일치를 위해서는 자아 사랑에서 이웃 사랑으로 가야만 한다.

인간은 혼자서는 살 수 없다. 인간은 이웃과 더불어 살아간다. 행복은 타인을 섬김에서 존재한다. 행복은 이웃 사랑과 더불어 커져간다.

하지만 인간들은 섬기기보다는 섬김을 받고자 한다. 입으로는 섬긴다고 하지만 사실은 자신을 위함이다. 누군가 자신을 위해서 무언가를 해주기를 바란다. 이는 자기를 사랑하기 때문이다. 이렇게 살다보면 그는 점점 퇴보한다.

자기 사랑 안에는 타인을 지배하고자 하는 욕망이 있다. 지배욕은 자기 사랑 안에 숨겨져 있다. 교만한 자는 자기를 높이지 않는 모든 이들을 증오하고 미워한다. 그들이 남을 사랑할 때는 남이 자기를 높여주거나 칭송할 경우이다. 이런 극단적 지배욕은 살인까지 이른다.

반면에 이웃을 사랑하는 자는 이렇게 말한다.

"나는 죄악되며 가치가 없고 천한 존재에 불과하여 지옥에 떨어지는 우리를 주님께서 무한하신 자비로 붙잡아 주셨습니다. 고로 더 이상 지옥으로 떨어지지 않기 위해 노력하겠습니다."

자신의 참 모습을 인정하는 만큼 자기 사랑에서 멀어지고 이웃을 섬기는 마음을 갖는다. 이런 자들이 곧 "작은 자" 이고 그 나라에서는 "큰 자" 가 된다(마20:26~28).

고로 우리는 남을 섬기는 자가 되어야 하리라는 구절을 잊지 말아야 한다.

고로 이웃 사랑 가운데 있으면 곧 신(神) 안에 있는 것이다. 이웃 사랑 안에 있는 자는 자신이 선을 행하는 것처럼 보이지만 자기가 행하는 것이 아니라 신(神)이심을 인정한다. 모든 선의 주인은 신(神)이라고 고백한다.

인간은 신(神)이 주시는 선을 가지고 이세상에 사는 동안에 사용하는 것에 불과하다. 자기 것이 아니기 때문이다.

신(神)의 것을 인정하지 않으면 그분이 주시는 행복에서 그만큼 멀어질 수밖에 없다.

고로 자신이 얼마나 어리석고 미련한 가를 깨닫는 만큼 마음은 평안해지고 더욱 더 하늘의 지혜를 얻게 된다.

겉사람이 속사람에 순응하는 과정

 인간은 육체적으로 살아 있다고 해서 생명이 있다고 말하지 않는다. 살아 있어도 삶의 목적을 제대로 세우지 못하면 진정 살아 있는 것이 아니다. 생명은 천국으로부터 부여받는 것이다. 천국 생명은 목적적 생명이다. 그러면 어떻게 해야 천국 생명을 받을 것인가?

 첫째, 행함없는 믿음은 생명이 파멸된다.

 둘째, 믿음은 행함으로 생명을 얻는다. 신(神)은 속사람을 통해서 일하신다. 속사람의 영향을 받으면 선행하는 상태가 된다. 선행과 선행 없음은 늘 교차한다. 마치 밤낮이 교차하듯이 진행된다. 고로 생명을 얻으려면 의지가 새로운 의지로 교체되어야 한다.

새 의지는 과거 욕심으로 가득찬 의지가 무너질 때 교체된다.

어떤 한 인간이 세속에 절어 물질에 대한 탐욕이 가득하고 무언가 규율될 필요가 있을 때, 그에게 질병과 죽음의 위기가 찾아오게 되면 겉사람은 고분고분해진다. 사실 이렇게 되기까지는 이루 말로 표현하기 힘들 정도로 많은 고통을 통해서이다. 이 과정은 겉사람이 속사람에게 순응할 때까지 지속된다. 겉사람이 순응할 준비를 하게 되면 선과 진리는 번성하게 되어 삶에서 선행의 증거가 드러난다.

속사람이 겉사람을 향하여 나아가는 방법

성경에 "네가 너의 정성을 굶주린 사람에게 쏟으며 불쌍한 자의 소원을 충족시켜 주면 너의 빛이 어둠 가운데서 나타나며 캄캄한 밤이 오히려 대낮같이 될 것이다(사 58:10)."고 하였다.

굶주린 자에게 정성을 쏟고 불쌍한 자의 소원을 만족시켜 주는 것은 선행을 의미한다. 또 빛이 어둠 가운데 나타남은 진리로 인해 총명을 가지는 것을 뜻한다. 캄캄한 밤이 대낮같이 된다는 것은 지혜를 가질 것을 뜻한다.

이처럼 인간의 지혜와 총명은 빛과 같다. 지혜는 사랑에서 오고 총명은 믿음에서 온다.

빛은 진리이다. 진리는 어둠속에 광명한 빛을 발한다. 천국의 햇빛은 이 세상의 햇빛과는 비교조차 되지 않는다고 하였다.

고로 진리는 하늘나라로 향해 나아가기 위해 길을 여는 것과 같다. 마치 거대한 강물이 흐르듯이 진리의 지식을 통해서 속사람이 겉사람을 향하여 전진하는 길이 열린다. 속사람이 겉사람에게 나아가는 방법은 다음과 같다.

첫째, 속사람은 겉사람 안에 있는 기억 안에 진리의 지식을 심는다.

지식이 없으면 겉사람이 개혁될 수 없기 때문이다. 겉사람은 육체적이고 감각적이므로 진리가 심겨지지 않으면 영적 원리를 수용하지 못한다.

성경에는 "태초에 말씀이 있었으며 이 말씀이 곧 하나님이라(요1:1)." 고 했다. 즉, 말씀은 신(神)으로부터 주어졌으며 그분은 말씀 안에 계신다. 이 말씀은 선의 근원으로부터 열려있는 지식이다.

반면에 겉사람의 지식은 자칫 왜곡된 지식으로 발전할 수 있다. 따라서 인간이 왜곡된 지식을 가지고 영적 세계를 향해 나가려고 하면 결국 마술적 사고에 탐닉하게 된다.

마술적 사고는 왜곡된 지식이며 경직된 사고이다. 이로 인해 거짓이 들어올 수밖에 없다. 지식은 목적을 섬기기 위해 존재한다. 어린아이들이 학교에 배운 자연과학적 지식은 이후에 영적 원리에 복종하는 지식이 되어야 한다.

지식이 영적 원리를 위한 수단이 되어야 함에도 불구하고 지식 그 자체에 머물게 되면 겉사람은 속사람으로 더 이상 전진할 수 없게 된다. 인간이 단지 지식 안에만 머물면 겉사람은 탐욕에 빠진다. 그런 지식은 세속적 인간이 되도록 만든다. 반면에 지식을 타인의 유익을 위해 쓰여진다면 그는 천사의 지혜를 소유하는 것과 같다.

고로 지식은 영적 원리를 위해 봉사할 수 있어야만 한다. 겉사람 속에 저장된 지식은 속사람을 섬겨야 한다.

둘째, 합리성을 통해서 영적 원리 안에 들어간다.

합리성은 선과 진리의 지식을 말한다. 겉사람은 합리성

을 통해서 속사람과 결합한다. 합리성은 속사람과 겉사람을 연결하는 매체이다. 합리성이 없으면 지식은 다만 기억에만 머물고 지혜가 될 수 없다. 이스라엘 민족에게 광야에 내려졌던 만나가 하늘의 양식인 것처럼 진리의 지식은 영혼의 양식이다.

지식의 목적은 겉사람을 속사람에 순응시키기 위함이다. 인간은 지식을 먹고 살아간다. 예수께서는 사람이 빵으로만 살 것이 아니라 하나님의 말씀으로 살 것이라고 하셨다.

인간에게 있는 자연 과학적 지식은 다만 섬김을 위한 수단이다. 속사람을 섬기기 위해 존재한다. 지식은 인간에게 어떤 목적을 위해 쓰임을 얻을 것인지를 생각하게 한다. 지식은 인간으로 하여금 심사숙고 하게끔 만든다. 지식을 통한 깊은 근심은 참 생명을 얻도록 인도한다. 결국 지식을 얻는 이유는 합리적 인간이 되기 위함이다.

합리적 인간은 영적 인간을 섬기기 위함이고 영적 인간은 천적 인간을 섬기기 위함이다. 기억 속의 지식은 양파 껍질처럼 가장 바깥쪽에 해당하는 지식이고 이 지식은 내면을 섬긴다. 겉사람의 기억은 어떤 쓰임을 위해 존재한다. 기억의 목적이다.

셋째, 겉사람은 속사람으로부터 생명을 부여받는다.

겉사람이 생명을 받기 위해서는 겉사람의 시각과 청각이 열려져야 한다. 다시 말해서 겉사람의 세속적 욕망이 사라져야만 한다.

넷째, 속사람과 일치하는 지식은 결합을 이루지만 불일치하는 지식은 다툼을 일으킨다.

겉사람에게는 속사람과 일치하는 지식과 속사람과 불일치하는 지식이 있다. 속사람과 겉사람이 일치와 불일치를 알려면 그가 무엇을 사랑하는지를 보면 알 수 있다.

사랑은 곧 품질을 결정하기 때문이다. 그리고 사랑의 품질은 생명의 품질이 결정된다. 고로 한마디로 말하면 주도적인 사랑에서 생명이 만들어진다.

거듭남의 과정

신(神)은 인간을 선하고 바른 길로 인도하신다. 마치 양을 인도하는 목자처럼 선한 방향으로 이끄신다. 신(神)은 영적인 것으로 자연적 상태를 통치하신다. 이 말은 거듭남을 의미한다.

신(神)은 인간을 거듭남으로 인도하신다. 먼저 겉 행위를 새롭게 하시고 그 후에 속사람을 변화시킨다. 즉, 지옥에서 천국으로, 땅에서 하늘로 이끄신다.

거듭남은 처음된 자가 나중되고 나중된 자가 처음되는 원리에 의해서 진행된다. 처음에는 겉사람에서 시작되고 나중에는 속사람에 이르고 또 속사람에서 시작하여 겉사람에 이른다는 말이다. 수단이 목적을 만들고 목적이 수단이 된다는 말이다.

인간이 거듭나게 되면 그의 속사람은 천국이 이루어진다. 그리고 인간이 천국 질서 안에 있을 때 그는 천국의 축소판이 된다. 예수께서는 하나님의 나라는 너희 안에 있다고 말씀하셨다. 이것이 천국의 질서이다.

그런데 인간이 자유를 남용하여 자신과 세상을 사랑하여 쾌락과 돈, 이기적인 생각에 빠지고 자기 안에 무질서를 만들어 가게 되면 하나님의 질서에 역행하는 구조를 갖게 되어 질서가 완전히 파괴된다. 그래서 결국 거듭나지 않은 자연적 상태가 영적인 것을 지배하게 된다. 이렇게 되면 지옥의 형상만이 존재한다.

선과 진리

세속에 젖어 살아가는 이들은 선과 진리에 관한 지식이 없다. 이들이 아는 것은 오로지 자연 세계의 지식과 물질적 관념뿐이다. 하지만 영적인 이들은 선과 진리의 지식을 가지고 있다.

누구든지 선과 진리를 실천하고자 하는 의지를 갖게 되면 합리성이 주어진다. 합리성을 통해서 겉사람 안에 선과 진리를 심겨진다. 이는 속사람의 선과 진리가 겉사람에 흘러 들어 가는 것이다.

인격 성숙의 과정은 사람마다 다르다. 순수하고 정결한 사람은 지각을 통해서 진리를 깨닫지만 그보다 못한 자는 양심을 통해서 진리를 알게 되고 실천하게 된다.

인간은 지각을 통해서든 양심을 통해서든 그의 수준에 따라 진리를 깨닫는다. 진리의 깨달음은 하늘로부터 진리의 유입에 의해서이다. 진리 유입이 없으면 인간은 절대 진리를 생각할 수도 없고 말할 수도 없다.

진리가 유입됨에도 일부러 진리를 남용 혹은 왜곡하면 진리의 길은 막히고 만다. 그럼에도 불구하고 진리는 계속적으로 유입된다. 이는 신(神)의 자비와 사랑이다. 그러면 겉사람 안에 진리 유입의 과정을 살펴 보자.

첫째, 합리성이 들어오기 시작한다.

합리성이 겉사람 안에 들어가면 자아와 세상을 사랑하는 것이 멈추게 된다. 만일 겉사람이 겉으로만 포장하고 있을 경우에는 합리성은 포장된 겉사람과 투쟁한다.

겉사람의 포장지가 뜯겨지고 솔직해지면 질서의 자리에 돌아온다. 그 때 겉사람은 죄로부터 자유를 얻는다.

둘째, 시험을 통해서 순수하게 된다.

만일 겉사람이 시험을 만나서 이기게 되면 먼저 합리성과 결합하고 그 다음 속사람과 결합한다. 고로 시험의 전투 없이는 겉사람이 속사람과 어울릴 수가 없는 것이다. 시험은 악과 거짓을 사라지게 하고 합리성을 통해서 진리가 들어오도록 만든다.

왜 걷사람은 시험과 투쟁을 거쳐야만 하는가?

겉사람 안에 있는 육체에 상응하는 감각적 능력 때문이다. 촉각, 미각, 후각, 청각, 시각, 식욕, 쾌락 등이다. 이런 것이 겉사람의 범주에 속한다. 이는 인간의 본능적 욕구이다. 인간이 본능만으로 살아가게 되면 짐승보다 더 못한 처지에 떨어지게 된다. 고로 겉사람은 합리성이 필요하다.

겉사람이 합리성을 통해 속사람과 결합되어야만 진정 사람이 된다. 그러면 겉사람의 투쟁에 대해 좀 더 알아보자.

인간이 고난을 통해서 시험 받는다는 것은 속사람이 겉사람의 악을 제거한다는 말과 같다. 그리고 합리성이 주어진다. 겉사람은 시험을 통해서 합리성의 상태가 되어 속사람을 섬기게 된다. 이렇게 해서 겉사람이 변화되는 것이다. 신(神)은 이런 과정으로 인간은 거듭나게 하신다. 속사람은 선 자체이다. 그리고 선은 언제나 진리와 결합한다. 진리와 선은 언제나 하나 되는 방향으로 진행한다.

진리에는 두 종류가 있다.

첫째는 선의 방향으로 전진하는 진리이다.

선을 향해 나아가는 진리는 아직은 인간적인 요소가 남아 있다. 하지만 진리가 선을 향해 전진하면서 점진적으로 선과 하나를 이루어 인성이 신성을 입는다.

둘째는 선에서 시작된 진리이다.

진리는 선에서 시작하여 진리를 실천하게 이끈다. 진리는 선을 받는 그릇이다. 신앙 생활을 한다는 것은 진리를 통해서 선의 열매를 거두는 것이다. 만일 진리가 순수하면 할수록 더 많은 선을 담아 겉사람이 질서로 환원된다. 결국 선은 진리를 통해서 빛을 발한다.

속사람의 의도와 겉사람의 의도

바울은 속사람의 의도에 대해 말하기를 속사람은 하나님의 법을 즐거워한다고 하였으며 겉사람의 의도에 대해서는 겉사람은 죄 아래로 자신을 끌어 내린다고 하였다.

이처럼 속사람과 겉사람은 사랑과 목적이 다르기 때문에 언제나 다툼이 벌어질 수밖에 없다. 한쪽은 선을 향해 있고 다른 한쪽은 악을 향해 있기 때문이다. 이로 인해서 인간은 끊임없이 선과 악의 갈등을 겪게 된다.

속사람과 겉사람은 목적이 다르다. 속사람은 신(神)을 높이지만 겉사람은 이기심을 부추긴다. 속사람은 하늘나라의 목적을 중시하고 겉사람은 세상 나라의 목적을 중시한다. 이렇게 서로 목적이 다르기 때문에 둘은 불일치할 수밖에 없다.

 성경에는 아브라함의 목자와 롯의 목자 사이에 다툼이 있었다고 했다(창13:5-7). 영적 의미로 보면, 아브라함의 목자는 하나님께 예배하고자 하는 자들이고 롯의 목자는 세상을 향해 나가려는 자들을 의미한다. 이들은 각자가 가진 양과 소와 장막과 같은 소유로 인해 함께 동거할 수 없다. 이는 서로 목적이 다르기 때문이다.

 어떤 사람이 세상에서 위트가 넘치고 유쾌하고 재주가 많아서 사람들로부터 인기가 많았다. 그는 사람들의 인기를 얻는 법을 잘 알고 있었다. 하지만 그의 속사람은 선을 실천하고자 하는 의도가 없었다. 만일 이 사람이 죽게 된다면 저세상에서 어떻게 될 것인가? 아마도 그는 저 세상에서 그간 마음속에서 들려오는 속사람의 음성을 무시하면서 살아왔던 어리석음을 후회하게 될 것이다. 왜냐하면 속사람의 음성에 순종하였는지가 사후의 삶을 결정하기 때문이다. 예수께서 유대인들에게 이런 말씀을 하셨다.

"너희 중에 누가 나를 죄로 책잡겠느냐 내가 진리를 말하는데도 어찌하여 나를 믿지 아니하느냐?(요8:46)."

유대인들은 진리되신 예수를 거부했다. 이처럼 겉사람은 속사람을 거절한다. 겉사람이 속사람을 거절하는 가장 큰 이유는 겉사람에게는 진리가 없고 속사람에게는 진리가 있기 때문이다. 이는 거짓된 세상 사람들이 진리를 거절하는 것과 같은 이치이다. 진리를 거절하는 이유는 진리가 그들의 죄를 인식시켜 주기 때문이다.

빛이 비치면 어둠이 물러가듯이 진리가 들어오면 죄가 드러난다. 전등을 켜면 어둠속에 바퀴 벌레가 그 모습을 드러내는 것과 같다.

진리의 빛이 비치면 겉사람은 자신의 정체가 드러나기 때문에 속사람을 파괴시키려고 한다. 속사람이 커질수록 겉사람의 세력은 더욱 반발이 심해질 수밖에 없다.

예수는 계속해서 말씀하시기를 "내가 진리를 말하는 데도 왜 나를 믿지 않느냐?"고 말씀하셨다.

우리는 이런 호소에 귀를 기울여야 한다. 신(神)은 언제든지 기회가 주어지면 거짓이 가득한 마음속에 진리의 영으로 다가오신다.

다시 말해서 겉사람에게서는 진리가 나올 수 없다. 차가운 물에서 뜨거운 물이 나올 수 있는가? 죄에서 정의가 나올 수 있는가? 거짓에서 진리를 끄집어 낼 수 있겠는가? 그럴 수 없다. 겉사람은 목적이 다르기 때문에 진리가 드러날 수 없다. 사람들이 진리를 받아들이지 않는 것은 겉사람의 목적으로 진리를 대했기 때문이다.

"하나님에게서 온 사람은 하나님의 말씀을 듣는다" 고 했다(요8:47). 속사람은 언제나 진리에 귀를 기울인다. 목적이 하나님을 향해 있기 때문이다.

6
합리성

합리성

합리성은 사전적 의미로 "논리나 이치에 합당한 것"을 의미한다. 합리성은 속사람과 겉사람 사이의 중간 매개체이다. 속사람은 합리성을 통해 겉사람과 교통한다. 이 매개물 없이는 속사람과 겉사람의 교류는 불가능하다.

합리성은 선과 진리가 있는 속사람과 교류하고 악과 거짓이 있는 겉사람과도 교류한다. 합리성은 속사람과 교류를 통해서 영적인 것을 생각하고 겉사람과 교류를 통해서 육체적인 것을 생각한다.

합리성이 높은 수준을 올려다 볼 때는 영적 수준이 될 수 있지만 아래쪽을 바라볼 때는 짐승이 되고 만다. 인간은 이것을 생각하면서 저것을 말하거나 또는 이것을 뜻하면서 저것을 실행하기도 한다.

인간은 영적인 면과 육적인 면을 공존하기 때문에 둘은 서로 갈등하고 전투를 치르기도 한다. 사도 바울은 바로 이 부분으로 인해 곤고하다고 부르짖었다.

본래 합리성은 인간의 출생과 함께 생기는 것은 아니다. 즉, 합리성은 본능이 아니다. 이는 갓 출생한 갓난아이를 보면 알 수 있다. 갓난아이들에게는 합리적 능력이 없고 합리성의 싹만 있을 뿐이다. 이런 싹은 지식을 습득하면서 점차 합리적 능력으로 발달한다. 아이가 성장하면서 사회적으로 인정받는 것은 합리성의 발달 때문이다.

어떻게 합리성이 출생하고 성장하는가?

그러면 어떻게 합리성이 출생하는가? 합리성은 속사람과 겉사람의 결합으로 태어난다. 속사람이 아버지가 되고 겉사람이 어머니가 될 때 합리성이 출생한다. 둘의 결합 없이는 합리성이 출현할 수 없다.

아버지와 어머니 사이에서 자녀가 태어나듯이 속사람과 겉사람 사이에서 합리성이라는 자녀가 태어난다.

성경에 아브라함과 이집트 여인 하갈 사이에서 이스마엘이 태어났으며 뒤이어 아브라함과 사라 사이에 이삭이 출생했다. 이는 초기 합리성과 후기 합리성이 출생하는 원리를 상징한다. 합리성의 출발은 다음과 같다.

첫째, 합리성은 지식에 대한 애착에서 출생한다. 인간이 진리 지식에 대한 애착을 가지고 있으면 속사람으로부터 합리성을 부여받는다. 속사람으로부터 합리성이 부여됨은 영혼이 육체의 옷을 입는 것과 같다.

이 말은 겉사람이 진리를 열망하지 않으면 합리적이 될 수 없다는 말이다. 이는 진리 속에 있는 생명을 애착하는 것이다. 그리고 애착의 품질에 비례하여 합리적이 된다.

둘째, 기억이다.

겉사람 안에는 기억 장치가 있다. 인간은 배움이 증가되면서 기억이 질서정연하게 배열된다. 인간은 기억과는 아무런 관계없이 태어난다. 다만 겉사람의 욕구와 맹목적 경향성을 가지고 태어난다.

동물들은 나면서부터 먹이를 확보하는 능력, 보호 능력, 주거지, 종족 번식, 보존 방법을 가지고 있다. 동물은 이런 본능을 가지고 태어나는데 인간은 왜 이런 기본 지식조차 없이 태어나는가?

인간이 생존에 관한 기본 지식 없이 태어나는 이유는 부모로부터 전수되는 유전악 때문이다. 태어날 때 가지고 오는 본능적 악이 모든 것을 가려 버린다. 하지만 배움을 통해서 합리성을 얻게 되어 이치에 맞게 생각하고 온전한 판단을 할 수 있다. 합리성은 본능과는 아주 다르다.

합리성은 삶의 경험과 누군가 가르쳐준 지식을 기억에 저장하고, 기억을 가지고 현실 세상에서 질서정연하게 분별하면서 살아가는 능력이다.

예수께서도 어머니 마리아로부터 유전된 본성을 가지셨다. 그분께서도 지식을 수단으로 합리성을 만들어내는 방식은 여느 사람과 마찬가지였다. 하지만 그분은 모든 것을 질서로 바꾸어 놓으셨다. 그분이 인간과 다른 점은 그분의 속사람은 곧 신성 그 자체이시다는 것이다.

초기 합리성

초기 합리성은 거듭나기 전의 합리성을 말한다. 이때의

합리성은 감각, 삶의 지식, 교리 등의 개념을 갖고 있지만 단지 기억의 수준이고 보이는 세계의 물질적 관념들로 구성되어 있다. 초기 합리성은 자아에서 모든 것을 판단하고 결정하기 때문에 자아 중심적이고 세상을 사랑한다.

 고로 이 단계에서 선을 행하는 것은 자신이 인정받고 칭찬 얻기 위함이며 자신 스스로 행하는 것으로 여긴다.

 이때는 오직 감각으로부터 받아들인 정보만을 믿기 때문에 영적 의미를 받아들이지 못한다. 초기 합리성으로는 천국과 지옥, 사후의 삶의 개념을 믿지 못한다.

 감각에 접촉되지 않는 것은 받아들이지 않기 때문이다.

 이 때는 감각적 세계와 자연성이 전부이다. 감각에 기초한 사실과 철학적 추론에 근거를 두기 때문에 영적 진리를 이해하지 못한다. 자신들의 머리 속의 지식으로 모든 것을 판단하기 때문에 과학적 증거가 없으면 믿으려 들지 않는다.

 초기 합리성은 미숙한 합리성이다. 하지만 이 합리성은 점차적으로 후기 합리성으로 성장한다. 초기 합리성은 속 사람과 충분하게 결합되기 전의 상태를 의미한다.

순수 선이 온전히 들어오기 전의 상태이다. 이 때의 합리성은 성경에 비유처럼 길가, 돌 밭, 가시덤불에 씨가 뿌려진 상태라고 말할 수 있다. 이렇게 되면 합리성은 질식되고 만다(마13:3-7). 그러나 인간이 순수한 마음을 갖게 되면 합리성은 좋은 땅에 떨어진 씨와 같이 된다.

후기 합리성

후기 합리성은 속사람과 겉사람이 충분하게 하나된 상태이다. 신성한 선과 진리의 결합을 말한다. 속사람의 생명이 겉사람의 기억 안에 유입된 것을 말한다.

초기 합리성은 단순하게 지식에 대한 애착이라면 후기 합리성은 선과 진리의 결합이다.

성경에서는 아브라함과 사라 사이에서 100세에 이삭이 출생하였다고 한다. 100 이라는 숫자의 의미는 신성의 의미를 담고 있다. 이는 신성한 합리성의 출생을 상징한다.

초기 합리성은 진리가 기억 속에 유입되는 것을 말하지만 후기 합리성은 선과 진리의 결합에 의한 신성의 의미가 들어있다.

모든 인간은 신(神)의 형상과 모양대로 창조되었으므로 비슷한 것 같지만 전혀 그렇지 않다. 인간만큼 마음이 다양한 종류도 없다. 고로 인간의 다양한 마음이 진리로 거듭나야만 하늘의 질서에 합당하게 살아갈 수 있다.

인간이 거듭난다고 하는 것은 후기 합리성이 주어짐을 말한다. 후기 합리성을 받게 되면 선과 진리가 무엇인지를 지각한다. 이때 인간은 겸허해진다. 겸허함은 자신이 더럽다는 것을 깨닫는 동시에 무한하신 신(神)의 자비를 인정하는 것이다. 자신의 비천함과 신(神)의 자비하심을 인정할 때 그분 앞에 엎드러질 수밖에 없다. 신(神)께서 붙잡아 일으켜 주실 때까지 인간은 스스로 자신을 들어 올릴 수 없다.

후기 합리성이 주어지면 진리를 받아들이고 의미에 충실하기 시작한다. 또한 점진적으로 진리와 선에 일치하는 삶을 살아간다. 후기 합리성의 단계에서 인간은 생명을 얻게 된다.

이때는 마치 좋은 땅에서 심겨진 씨가 뿌리를 내리고 싹이 돋고 나무로 자라면서 가지를 뻗어 열매를 맺는 것과 같다. 즉, 영적 포도원이 된다(마13:31-32, 요12:24).

후기 합리성의 단계는 진리가 자기 것이 아니라 신(神)으로부터 오는 것이라고 믿는다. 자기 공로를 거절한다.

이 때는 초기 합리성의 자아는 멀어지고 후기 합리성에 맞는 새 자아가 주어진다. 새 자아는 진리에서 즐거움을 느끼는 자아이다.

이렇게 되면 사람은 악을 미워하게 되고 진정한 사랑과 기쁨에 들어설 뿐만 아니라 이성과 일치한 자유, 선에서 비롯된 자유의 반열에 들어선다. 고로 누구든지 선을 원한다면 합리적 자유를 얻을 수 있다. 그분께서 이런 능력을 끊임없이 주신다.

중요한 사실은 거듭난 사람이 후기 합리성을 가지고 있다고 하더라도 초기 합리성은 여전히 마음 한쪽 구석에 남아 있음을 알아야 한다.

진리와 합리성

인간은 합리성의 수준에 따라 그의 됨됨이를 판단할 수 있다. 합리성에는 생각이 확대, 재생산된다. 합리성으로

148

부터 어떤 생각이 주어지시 않으면 그 어떤 생각도 할 수 없기 때문이다. 생각은 인격을 만들어낸다.

첫째, 합리성이 부족한 인간은 절대로 신성으로부터 나온 진리를 받아들일 수 없다.

죄악된 인간이 순수 진리를 그대로 받아들이기에는 이해력의 한계가 있다. 합리성은 진리의 애착 정도 만큼 비례한다. 인간의 진리의 애착 수준에 맞춰서 합리성이 주어진다. 사람은 합리성의 수준이 다르기 때문에 인간의 상태는 매우 다양할 수밖에 없다. 각자가 진리를 대하는 태도가 순수한가 그렇지 못한가에 따라 이해성이 계발된다.

고로 누구든지 말씀을 읽을 수 있지만 의미를 깨닫는 자와 문자적 의미로만 이해하는 자가 다르다. 읽는 자의 이해력 수준에 따라 교훈되는 정도는 다르다.

예컨대, 구약 성경은 당시 살았던 사람들의 문화와 천성에 맞추어 기록되었다. 그렇기 때문에 구약에는 사후 삶이나 구원, 속사람에 관한 구절을 찾아볼 수가 없다.

유대인들은 철저하게 진리를 문자적으로만 이해했다. 이들은 문자로 이해하는 방식 외에는 절대로 진리를 이해하거나 받아들이지 않았다. 만일 이들에게 하늘나라 의미가 주어졌다면 그것을 경멸하고 모두 짓밟아 버렸을 것이다. 이런 형편의 유대인들에게 성경에 그리스도께서 정치적 메시야가 아니라 인간의 영혼을 구원하기 위해서 이 땅에 오셨다고 말한다면 그들은 단번에 성경을 외면하고 말았을 것이다. 그들은 지금까지도 영적 구원에 대해서는 절대 이해하지 않는다. 결국 유대인이 이런 수준이기 때문에 진리를 비유로 가르치셨다. 예수는 마태복음에서 이렇게 말씀하신다.

"예수께서 말씀하셨다. 내가 비유로 그들에게 말하는 이유는 그들이 보고도 보지 못하고 듣고도 듣지 못하고 깨닫지 못하기 때문이다(마13:13)."

위의 구절에서 '보고 듣는 이' 들은 여전히 진리를 깨닫지 못하는 자들을 의미한다. 요한복음서에는

"그분은 그들의 눈을 멀게 하셨다. 그들의 심정이 굳어지게 하셨다. 그리하여 그들이 자기들의 눈으로 보지 않도록, 자기들의 심정으로 깨닫지 않도록 그래서 전환되지 않도록 그리하여 내가 그들을 치료하지 않도록 하기 위해

서 이다(요12:40)."

위의 구절에서 '전환되지 않고, 치료되지 않음' 은 진리를 거절할 것과 신성 모독할 것을 말한다. 결국 진리를 깨닫지 못하는 것은 곧 영원한 정죄를 의미한다.

하지만 예수는 진리를 어린아이들처럼 순수한 마음으로 진리를 받아들이는 자에게 의미를 열어주셨다.

둘째, 진리는 신(神)을 사랑하는 자들에게만 열려져 있다. 예수는 진리 자체가 되시고 그분의 말에는 진리가 있다. 합리성의 진리는 천사같은 이들에게 태양이 빛나는 것처럼 계발된다(단12:3, 마13:43).

셋째, 진리와 선의 교리에 대해서 알아보자.

교리가 중요한 것은 바로 인생의 길이기 때문이다.

"예수께서 나는 길, 진리, 생명이다(요14:6)."고 말씀하셨다. 길은 교리를 의미하고, 진리는 교리 속에 있는 모든 것을 말하고 생명은 선을 의미한다. 고로 길과 진리와 생명을 얻으려면 그분을 사랑하고 그분을 믿는 것임을 요한복음에서 가르치신다.

"그분의 자녀가 그분을 받지 않았다. 그러나 그분은 영접하는 많은 이들에게 하나님의 아들이 되는 능력을 주셨다. 그분의 이름을 믿는 이들에게 주셨다. 이는 혈육이 아니고 인간의 의지로부터도 아니고 하나님으로부터 태어난 것이다(요1:11-13)."

여기서 하나님으로부터 태어난 이들은 하나님을 사랑하고 그분을 믿는 이들이다.

지식은 합리성의 그릇이다

지식은 합리성을 받는 그릇이다. 인간은 지식에서 합리성을 찾는다. 만일 인간이 지식에서 합리성을 찾지 못하면 그는 마술적 사고에 함몰된다. 마술적 사고는 거짓에 불과하다. 고로 많은 지식 중에서 합리성을 찾는다는 말은 선에 합당한 진리를 뚜렷하게 드러냄을 의미한다.

인간에게는 이런 지적 능력이 있다. 참된 지혜는 겉사람 안에 있는 지식에서 진리를 찾아내는 능력이다.

진리는 합리성 안에서 흐르고 또한 합리성을 통해서 겉사람 안에서 지식을 분별하게 됨을 이해해야 한다.

합리성의 목적

성경에 "하나님이…축복하셨다. 생육하고 번성하여 땅에 충만하라(창9:1)."는 구절이 있다.

생육은 선의 열매를 많이 맺음을 말하고 번성은 진리의 증가를 의미한다. 그리고 땅에 충만하라는 선과 진리를 채우라는 것을 의미한다. 고로 이 말씀의 의미는 합리성 안에서 선과 진리의 증가를 의미한다.

첫째, 하나님이 축복하셨다는 뜻은 신(神)의 현존하심을 의미한다. 축복의 외적 의미는 물질적, 육체적인 좋은 것이 풍부해짐을 말한다. 오늘날 많은 사람들은 재물이 많아지거나 건강해서 장수하는 것을 축복이라고 여긴다.

그러나 내적 의미에서 축복은 선의 풍요로움이고 이는 신(神)이 아니고서는 그 누구도 줄 수 없는 것이다. 그러기에 축복을 그분의 현존이라고 말한다.

신(神)의 현존이라고 말하는 이유는 그분만이 선 안에 계시기 때문이다. 그분은 인간과 함께 하시되 인간의 선행과 비례해서 함께 하신다.

성리학 입장에서 퇴계의 이론에 의하면 사단(四端)은 이(理)에 해당하기 때문에 선한 것이고, 칠정(七情)은 기(氣)

에 해당되므로 선과 악이 섞여 있다고 하였다.

이에 대해 기대승은 말하기를 "그렇다면 사단이 이(理)이고 칠정이 기(氣)에 해당된다고 하면서 또 칠정은 이(理)와 기(氣)가 섞여있다면, 결국 칠정속에 있는 이(理)는 사단(四端)의 것이 아니냐?" 고 말하면서 앞뒤가 안 맞는다고 반박하였다.

이것을 속사람과 겉사람의 논리로 이해하면 속사람은 선하고 겉사람은 선과 악이 섞여 있다고 볼 수 있다. 하지만 퇴계는 선과 악이 행위에 비례한 만큼 있다는 생각은 하지 못했기 때문에 이 이론에 반박하는 자들에 대해 해답을 주지 못했던 것이다.

둘째, 너는 거기서 번성하라 이다.

번성함은 합리적 진리의 증가이다. 인간이 육체 안에서 사는 동안 이것을 잘 알지 못한다. 그러나 우리가 육체로부터 물러나 깊이 생각하면 불가능한 것도 아니다.

열매 맺음과 번성함이 합리성이라고 서술하는 이유는 인간의 산란하고 복잡한 마음을 상식적이고 이성적 수준으로 인식시키도록 하기 때문이다.

만일 인간에게 합리성이 없다면 짐승보다 더 안 좋을 상태가 되고만다. 이는 너무도 분명한 사실이다. 인간은 이기적 본성을 가지고 세상을 전부 소유하려고 들기 때문이다. 그 욕심은 한도 끝도 없다. 인간에게 본성을 제어하는 법이 없으면 인간은 온갖 기괴한 짓과 횡포를 저지르게 된다.

하지만 인간에게는 자신의 명예 손실에 대한 걱정, 목숨을 잃는 것에 대한 두려움이 있다. 바로 이것 때문에 타인의 눈치를 보면서 조심스럽게 살아가기도 한다. 하지만 어떤 이는 이것조차도 무너져 내려서 타인의 시선에 아랑곳하지 않고 무자비하고 난폭하기도 하다. 가장 하찮은 짓거리라도 자신이 하는 일이 가장 옳바르다고 여긴다.

이미 양심에 구멍난 자를 보았는가? 저질스럽게 거짓말하며 속이며 훔치고 폭행하고 간음하는 짓을 주저없이 저지르는 인간을 보았는가? 양심의 제재가 없으면 아무리 좋은 환경이 주어졌다고 하더라도 본능적 욕구와 행위는 멈추지 않는다.

그런 자는 오히려 좋은 환경을 역이용하여 자신을 변명하는데 급급하다. 인간이 고등 교육을 받음에도 불구하고 상황이 이럴진대 만일 교육조차 없다면 과연 어떤 일이 벌어질지 아무도 장담할 수 없다.

또한 어려서 교회 내에서 교육을 받으면서 자랐음에도 불구하고 여전히 진리의 법을 따르지 않고 세속을 좋아하고 과학을 더 신봉하는 경우도 있다.

신(神)이 존재한다는 사실을 믿지 않거나 죽음 이후의 삶을 믿지 않고 영원한 삶을 배우기를 원치 않는다. 이런 사실로 미루어볼 때 분명한 것은 인간은 본성이 우세하면 진리를 망각하게 된다는 사실이다. 고로 인간은 합리성을 얻기 위해 배워야 한다. 배움의 과정은 이렇다. 먼저 오감을 통해 보고 듣는다. 오감을 통해 들어온 지식은 기억에 저장된다. 하지만 기억에 있는 한 메모리에 불과할 뿐이다.

기억에 저장된 진리가 활용되기 위해서는 기억에서 내면 세계로 운반되어야 한다. 즉, 진리가 합리적이 되어야 한다. 고로 합리성의 품질과 분량에 따라 그것을 사용하는 인간의 품질과 분량도 결성된다.

그러면 어떻게 진리가 합리성으로 전환될 수 있는가?

그것은 선이다. 진리는 선과 결합하여 합리성에 도달한다. 인간이 하나님을 사랑하고 이웃을 사랑할 때 다시 말해서 선을 목적할 때 진리는 합리적이 된다.

그런데 왜 오늘날 많은 이들이 종교를 가지고 있음에도 불구하고 합리적이 되지 못하는가?

그것은 겉사람에게 있는 탐욕과 거짓 때문이다. 겉사람은 이것을 붙들고 있기 때문에 합리성으로 나아가지 못한다. 겉사람이 탐욕과 거짓을 가지고 있으면 진리를 믿지 못하고 의심하게 된다. 만일 악의 탐욕과 거짓이 사라지면 진리는 합리성 안으로 승강한다. 이때 진리는 선이 되고 생명을 가진다. 그러므로 인간은 신(神)은 선이라는 사실을 인정해야 한다. 인간이 선을 향해 나아갈 때 합리적 진리를 갖게 된다. 하지만 인간이 탐욕을 가지면 그는 진리를 알고 있지만 무지 가운데 떨어지고 만다.

합리적 능력

합리적 능력은 신(神)께서 영의 비밀스런 문이 열리도록 사용하시는 수단이다. 그분은 인간의 합리성에 호소하신다. 이해를 통한 전체 인간(whole man)에 대한 호소이다. 악은 악의 열정과 편견에 대고 호소하지만 신(神)은 합리적 총명에 대고 호소하신다.

합리성은 마음의 입구를 지키는 수문장이다. 따라서 인간은 합리성의 수준에 따라 진리를 받아들인다. 그리고 진리를 얼마나 수용하느냐에 따라 영혼의 상태가 달라진다.

인간이 진리를 얼만큼 받아들이는 품질 여부에 따라 진리는 다양해진다. 반대로 우리가 진리를 거절하면 그만큼 생명에 대한 이해를 닫는 것이다.

그러면 희망과 포부로 불타는 젊은이들은 어떻게 살아야 하는가? 무엇을 해야 하는가?

부자 청년이 예수께 이렇게 물었다. "제가 무엇을 해야 영생을 얻으리이까?"

이 청년은 영생을 위해서는 그가 가장 중요하다고 여기는 재물을 포기해야 한다고 배웠다.

그는 곧 슬픔에 삼기고는 돌아갔다. 그는 결국 예수를 기꺼이 따르지 못했고 천국을 얻지 못했다. 이 교훈은 세상적 쾌락의 삶은 자신의 영혼을 닫게 만든다는 것을 가르쳐 준다.

"너희는 먼저 하나님의 나라와 그 의를 구하라"는 말씀의 의미는 합리적 총명에 놓여져야 한다는 말이다.

합리적 총명의 눈으로 현실을 살펴보고 진리를 따를 때 영생을 얻는다는 말이다. 다시 말해서 진리를 붙잡지 않으면 마음속에 가시덤불이 자란다. 그나마 마음 속에 심겨진 진리는 가시덤불에 눌려 질식사 하고 만다.

7
속사람과 겉사람의 얼굴

자연적 수준에서 영적 수준으로

신앙생활 초기에는 굳건한 확신을 믿음이라고 여긴다. 그래서 믿음을 잃지 않으려고 '믿습니다' 를 반복해서 외치기도 한다. 성숙하게 되면서 믿음이란 진리를 배우고 깨닫고 실천하는 것을 알게 된다. 그리고 선이 없으면 진정한 진리가 아님을 깨닫는다. 선으로부터 시작된 진리만이 진정한 진리임을 알게 된다.

또 초기에는 사람을 미워하지 말라고 쓰여있기 때문에 미워하지 않는다. 그러나 성숙하게 되면서 타인을 미워하게 되면 생명의 원리를 위반하기 때문에 미워하지 않는다.

이 단계에 접어들면 합리성이 증가하면서 자연적 수준에서 영적 수준으로 계발된다. 이렇게 되면 변화가 온다.

예수께서는 자연적 상태와 영적 상태의 갈등을 이렇게 말씀하셨다.

"내가 지금 이렇게 마음을 걷잡을 수 없으니 무슨 말을 할까? 아버지, 이 시간을 면하게 하여주소서 하고 기원할까? 아니다! 나는 바로 이 고난의 시간을 겪으러 온 것이다(요12:27)."

그분은 십자가를 앞에 두고 시험이 개시되었다. 이 시험으로 인해 영혼의 고통이 더했다. 어둠의 권세는 겉사람을 습격해서 생명을 위협하였으며 속사람의 생명을 압박했다. 예수께서 마음을 걷잡을 수 없다고 말씀하신 고백은 겉사람의 영혼에서 나온 탄식이다.

그분께서 겪으신 고난은 보통의 인간으로서는 감당하기 어려운 것이다. 어머니 마리아로부터 상속받은 겉사람의 고통이다. 신성이 거주한 인성은 고난을 겪는다. 그분은 고난 중에 이렇게 외치신다.

"내가 무슨 말을 할까?" 예수는 먼저 어머니로부터 부여받은 인성으로 "이 잔을 면하게 하여 주소서"라고 말씀하신다. 이어서 아버지로부터 부여받은 신성으로 "나는 바로 이 고난을 겪으러 온 것이다"라고 말씀하셨다.

이처럼 예수는 자연적 상태로 인해 시련이 진행되고 있음을 지각한다. 하지만 시련이 없으면 승리도 없고 고통이 없으면 영광도 없고 죽음이 없으면 생명도 없다.

두 종류의 빛

인간이 세상 속에 살 수 있는 것은 빛이 있기 때문이다. 인간은 두 종류의 빛 가운데 살아간다. 하나는 천국 빛이고 다른 하나는 세상 빛이다. 천국 빛은 신(神)으로부터 주어지고 세상 빛은 천국 빛의 그림자이다.

세상 빛은 겉사람을 위해 존재한다. 겉사람은 시간과 공간 안에서 생각하기 때문에 빛을 받아서 형체를 분별하고 사물을 이해한다. 빛 가운데 형체를 본다. 겉사람의 능력 중에는 상상력이 있다. 상상력이 망상으로 변하면 정신분열증으로 이어진다.

반면에 천국 빛은 속사람을 위해 존재한다. 천국 빛은 세상 빛보다 광대하고 완전하다. 천국 빛에는 지혜와 총명이 담겨 있다. 이 빛은 인간에게 지각적 능력을 준다. 하지만 인간은 이 빛을 지각하지 못한다.

천국 빛이 흐르지 않으면 인간은 어떤 지각도 가질 수 없다. 이는 천국 빛으로부터 세상 빛이 생명을 받기 때문이다. 천국 빛과 세상 빛이 하나를 이룰 때 속사람과 겉사람이 하나를 이루게 된다.

세상 빛 가운데 있는 이들에게 천국 빛은 어둠에 불과하다. 세상 빛은 천국 빛과 비하면 죽어 있다고 할 수 있다. 천국 빛과 세상 빛의 차이는 태양과 장작불의 차이와 같다. 천국 빛이 오면 세상 빛은 즉시 소멸되고 만다. 하지만 세상 속에서는 세상 빛을 지각할 뿐이다.

천국 빛과 세상 빛을 사랑의 관점에서 보면 다음과 같다.

천국 빛은 신(神)과 이웃을 사랑하는 자에게 열려진다. 자기를 사랑하고 세상을 사랑하는 자는 천국 빛이 소멸된다. 만일 인간이 저 세상에 도달하게 되면 그는 세상에서 어떤 빛에 열려졌느냐에 따라 그와 일치하게 존재한다. 만일 그가 천국 빛에 의해 열려진 삶을 살았다면 천국에 도달할 것이다. 하지만 세상 빛에만 의존하여 살았다면 그와 동일한 세계에 머물 것이다.

두려움에는 두 종류가 있다.

첫째는 악한 자에게 있는 두려움이다. 이는 어두움으로 인한 두려움이다.

둘째는 선한 자에게 있는 두려움이다. 이 두려움은 신성에 대한 두려움이고 거룩에 대한 두려움이다. 두려움이 동반되는 것은 신(神)을 사랑하기 때문이다. 혹시라도 그분께 폐를 끼치지 않았나 하는 걱정과 이웃에게 피해 주지 않았나 하는 걱정에서 올라오는 두려움이다. 선과 진리의 양이 클수록 이런 두려움은 커진다. 반면에 선과 진리의 양이 적을수록 이런 두려움은 적어진다. 거룩에 대한 두려움은 속사람에 영향을 끼친다.

반면에 지옥의 두려움은 거룩에 대한 두려움이 아니고 이익을 얻지 못할 것에 대한 두려움이다. 자신의 뜻을 이루지 못할 것에 대한 두려움과 명성을 얻고자 하는 두려움, 형벌과 죽음에 따른 두려움이다. 이런 두려움은 겉사람의 의지와 생각에 영향을 준다.

하나님은 인간이 무조건 복종할 때만 기뻐하신다고 믿는 자가 있다. 과연 그런가?

인간이 신성 앞에 복종한다는 것은 무엇을 의미하는가? 과연 신(神)은 인간이 무조건 굴복하기를 원하시는가?

우리가 알아야 할 사실이 있다. 그것은 신(神)은 인간이 하나님께 영광 돌리는 것에 집착하지 않으신다.

신(神)은 죄악된 인간으로부터 영광을 취하는 분이 아니시다. 인간이 스스로 부끄러움을 느끼고 복종하게 하시려는 그분의 뜻은 인간을 위한 배려이다.

인간이 부끄러움 가운데 있게 될 때 자신의 거짓과 악을 발견하기 때문이다. 자신이 수치심을 느껴서 그것을 제거하도록 하시는 것이 신(神)의 목적이다. 거짓과 악이 제거될 때 선과 진리가 흘러들 수 있기 때문이다. 이것이 신성 앞에서 부끄러움을 느껴야 하는 진정한 이유이다. 한마디로 수치심은 자신이 믿어왔던 신념이 잘못되었음을 알게 하시려는 신(神)의 섭리이다.

교만한 인간은 자기를 높이고 자기만 사랑하는 자이다.

이들은 자신을 남보다 우위에 두고 신성에는 관심이 없다.

인간이 신성 앞에서 겸손하지 않으면 거듭날 수 없고 선

이 진리와 결합하는 것이 불가능하기 때문이다.

육체와 마음

유대인들은 물질 세계에만 관심이 있었다. 그들은 겉사

람의 감각 수준을 넘지 않았다. 그들은 영적인 면을 이해

하지 않았으며 사후를 믿지 않았다. 결국 진리를 왜곡하고

부활을 절대 허용하지 않았다.

유대인들의 이런 모습은 생명을 뒤주 속에 가둬 놓는 격

이다. 고로 진리에 대한 믿음을 갖지 못하는데 이는 물질

적 사고 방식이 영적 생각을 소멸하기 때문이다. 이런 사

상은 오늘날에도 마찬가지이다. 영적인 면이 결핍된 자를

살펴보면,

첫째, 양심이 결핍된다.

속사람은 양심을 수단으로 움직인다. 양심 없는 자가 선

행을 하는 경우에는 이익과 명예가 걸려 있기 때문이거나

혹은 법에 대한 두려움 때문이다. 양심이 말라버린 인간은 악을 향해 전진한다.

둘째, 영적인 면에 관심이 없다.

세상적인 사고 방식에 젖은 자는 천국에서는 작은 자가 가장 큰 자이고 낮은 자가 높임을 받는다는 것 그리고 가난한 자가 곧 부자라는 사실을 이해할 수 없다.

이들은 육체적이고 세상적인 것 안에만 안주한다. 이들이 외적인 면에만 집중하는 한 천국을 도저히 알 수가 없다.

반면에 영적인 자는 겸손하게 자신에게는 총명과 지혜도 없으며 선과 진리도 없다고 여긴다. 자신의 능력은 오직 신(神)으로부터 주어졌으며 자신은 지극히 작은 자에 불과하다고 말한다.

자기 스스로 가난하고 궁핍한 자로 여기면서 자신에게는 아무것도 없음을 인정하는 자는 영적으로는 풍부한 자이다. 스스로 가난하고 궁핍한 자라고 여기는 자는 천국에서 부자이다. 이들은 신(神)으로부터 능력을 가졌기 때문이다.

셋째, 자신만을 사랑한다.

사기를 사랑하는 자는 언제나 스스로를 높인다. 그는 주위 사람들에게 자기에게 존경을 표하도록 만든다. 만일 그가 타인을 사랑한다면 타인이 그를 높여주기 때문이다. 결국 자신을 위해 타인을 사랑하는 것이다. 다시 말해 타인 안에 있는 자신을 사랑하는 것이다.

이런 특성을 가진 자는 이웃 사랑하는 것이 무엇인지 알 수 없다. 천국이 이웃 사랑 안에 존재한다고 하면 혐오감을 느낄 수밖에 없다.

또 세상만 생각하는 자도 이웃 사랑에서 천국이 온다는 사실을 이해하기 어렵다. 이웃 사랑의 질과 양에 행복이 있음을 이해하기 어렵다.

먹는 것에 탐닉하는 자가 있다. 그는 먹는 것에만 관심을 기울이고 그것을 최고의 가치로 여긴다. 그는 먹는 즐거움이야말로 최고의 행복이라고 말한다. 하지만 먹는 것은 육체에 영양분을 주는 것에 불과하다. 육체는 단지 마음을 섬기기 위해 존재할 뿐이다. 반면에 마음은 지혜를 얻기 위해 존재한다. 마음의 이런 노력은 세상을 위한 것이 아니고 저세상의 삶을 위해서이다. 그래서 성경에는 먹든지 마시든지 무엇을 하든지 하나님의 영광을 위해서 하라고 했던 것이다.

속 예배와 겉 예배

고대인들은 신(神)께 경배하기 위해서는 마음속에 정성과 믿음이 있어야 한다고 믿었다. 이런 풍습은 우리나라에서도 정화수를 떠놓고 기도할 때 온갖 정성을 다하는 것으로 이어졌다. 고대인들은 신(神)께 제사를 드리기 전에 겸허하게 몸과 마음을 단정하고 이웃에게 선행을 실천하였다.

그들은 선행을 실천하는 일환으로 제물이나 포도주를 정성껏 바쳤다. 제물이나 헌물은 모두 선행과 연관되었다. 그들은 행위 안에 의미가 있음을 알았다. 행위는 크게 말해서 하나의 교회를 의미한다고 여겼다.

예배는 내적인 면과 외적인 면 모두 갖고 있어야 한다.

외부가 없는 내면은 형체가 없는 내용에 불과하고 내적인 면이 없는 외부는 빈껍질에 불과하다. 내적 예배가 외적 예배를 거룩하게 해주지 않으면 예배는 아무 소용없는 행위에 불과하다. 외적 예배만 떼어 놓고 생각하면 종교인의 제스처에 불과하다.

바울은 "그러므로 형제들아 내가 하나님의 모든 자비하심으로 너희를 권하노니 너희 몸을 하나님이 기뻐하시는 거룩한 산 제물로 드리라 이는 너희가 드릴 영적 예배니라(롬12:1)."고 말했다.

현대 교회와 고대 교회는 내용적으로는 같다. 예배 형식이 다를 뿐이다. 고대에는 제물을 바쳤지만 현대는 예식을 중심으로 예배를 드릴 뿐이다. 중요한 것은 형식보다 속 내용이다. 다시 말해 선과 진리가 있느냐 이다.

우리가 교회라고 말할 때는 선과 양심이 있어야 진정한 교회라고 할 수 있다. 신(神)은 선과 양심 안에서 일하신다. 선과 양심이 없는 자도 예배 행위를 할 수는 있으나 그것은 본질에서 벗어난 종교의식에 불과하다.

그래서 바울은 삶 자체가 예배라고 말했다. 진리를 따라 선하게 살면 바울이 말한 대로 몸을 산 제물로 드리는 것이다. 이를 두고 바울은 '영적 예배' 라고 말했다.

겉과 속

자연 만물에는 겉과 속이 있다. 속을 중요하게 여기고 살아가는 사람과 겉을 포장하면서 살아가는 사람은 하늘과 땅이 다른 것처럼 다르다.

겉사람으로만 사는 사람은 속의 중요성을 모른다. 이들은 겉과 속의 일치가 없다. 하지만 속의 중요성을 아는 사람은 겉과 속의 일치를 이룬다. 겉이 속이 일치되는 결과는 삶으로 드러난다.

누구든지 목적없이 그저 어떤 일을 했다면 그는 정신없는 자라는 말을 듣지 않겠는가? 이처럼 의미없는 삶은 결국 죽은 것에 불과하다.

흔히 무늬만 있다는 말을 쓰는데 이는 형식적으로 남에게 보이는 것이 전부라고 여기고 내용을 버린 상태를 두고 하는 말이다. 결국 이렇게 되면 속은 허전하다. 이는 죽어있는 시체와 다를 바 없는 상태이다.

그저 먹고 마시고 자는 일밖에 하지 않는 인간을 두고 사람이라고 말할 수 없다. 사람이라면 이웃에게 유익을 주어야 히며 옳바른 길로 나아가야 한다. 이를 두고 사랑이라고 말하는 것이다.

비록 그가 위대한 사람이 아닐지라도 그의 모범적인 행동은 가족, 자녀들에게 영향력을 끼치기 때문이다. 부모가 선하면 반드시 그 선한 기운이 자녀들에게 전달된다. 가정에서 선하게 살아야할 이유가 분명히 있는 것이다.

유교에서 주장하는 인(仁) 과 불교에서 말하는 자비(慈悲)와 기독교에서 말하는 사랑은 근원적으로 이웃을 대접하는 원리이다. 한마디로 선이라고 정의할 수 있다.

삶을 떠난 이론은 존재 가치가 없다. 오히려 그것이 경직되어 까닭스럽고 깐깐한 인간을 생산하고 만다. 삶이 없는 예배는 신(神)을 모독하는 것이다.

진정 그가 사람 구실을 하고자 하면 마음에는 선과 진리를 유지하고 행동으로는 진리의 열매를 이루어야만 한다. 이것이 속사람과 겉사람의 결과물이다.

8. 다섯 종류의 사람

세상에는 다섯 종류의 사람이 있다.

첫째 사람은 겉사람의 기억의 능력 하나만 가지고도 살아가는 자이다. 옛날 과거 시험으로부터 오늘날 법관이 되는 사법 시험에 이르기까지 기억력은 높은 점수를 내는 데 기여를 한다. 기억력 하나로 좋은 대학시험에 합격하고 각종 시험에 합격하여 출세를 하는 자들이 많다. 이런 자들을 두고 '천재' 라고 부르기도 한다. 하지만 기억력이 잘못되면 왜곡된 기억에 사로잡혀 현실인식이 불가능해진다.

둘째 사람은 겉사람의 상상력을 가지고 살아가는 자이다. 이런 자를 두고 '아이디어 뱅크' 라고 부르기도 한다. 현대 문명은 상상력의 산물이다. 빌게이츠 부터 시작해서 상상력 하나만으로도 사회에 공헌한 이들은 많다. 비행기, 자동차 컴퓨터 등 모두 상상력의 결과이다. 하지만 상상력이 잘못되면 망상에 사로잡혀 정신병자가 된다.

셋째 사람은 겉사람의 기억력과 상상력 둘 다가지고 있지만 속사람과는 아무런 관계없이 살아가는 자이다. 보통의 사람이 따라가지 못할 정도로 능력이 특출하지만 속사람이 가지고 있는 선과 진리를 따르지 않는 자이다.

이런 자들은 자신의 능력은 뛰어나지만 자기의 배를 불리고 명예와 출세를 위해 살아가는 것을 목표로 한다. 이런 자들의 삶은 타인에게 유익함을 주지 못한다. 이들의 이름을 들려고 하면 너무도 많아서 들 수도 없다. 기억과 상상력이 잘못되면 짐승같은 야욕에 사로잡힌다.

넷째 사람은 겉사람의 기억력도 좋고 상상력도 풍부하며 속사람의 진리를 추구하는 자이다. 디오게네스나 소크라테스, 율곡, 퇴계와 같은 철학자를 들 수 있다.

다섯째 사람은 겉사람의 기억력과 상상력이 풍부하여 천재로 불리지만 속사람의 진리와 선을 추구하는 사람이다. 이들은 자신의 가진 재주와 능력을 사회의 공공 이익과 타인을 위해 모든 것을 바친 사람이다. 다산 정약용 같은 사람이다. 다산은 그는 피폐해져 가는 백성들을 위해 무엇을 할 것인가를 고민했던 조선 시대의 유학자이다.

이제 우리는 속사람과 겉사람의 지식을 가지고 무엇을 위주로 살 것인가를 고민해야 한다. 종교인, 정치가, 교사, 공무원, 군인, 직장인에 이르기까지 속사람 위주로 살 것인지 겉사람 위주로 살 것인가를 고민해야 한다.

중요한 사실은 겉사람 위주의 삶보다 속사람 위주의 삶이 진정 사람이 되는 길이라는 사실이다!

– 참고 도서 –

· Swedenborg. 배제형. 역. 『천국의 비밀들』, 도서 출판 벽옥, 2018.

· 배제형. 『성경 상응 사전』, 도서 출판 벽옥.

· 김홍찬. 『이노센스』, 한국상담심리연구원, 2002.

· 김홍찬. 『순진무구 수치심을 치유하다』, 한국상담심리연구원, 2016.

· 김홍찬. 『사람이란 무엇인가』, 한국상담심리연구원, 2015.

· 김홍찬. 『김군의 마음』, 한국상담심리연구원.

· 김홍찬. 이진숙 『김군의 마음 질병편』, 한국상담심리연구원.

· 김홍찬. 『식물에서 깨우침을』, 한국상담심리연구원.

· 김홍찬. 김제원 『광물에서 삶을 배우다』, 한국상담심리연구원.

· 김홍찬. 『의도의 순수성』, 한국상담심리연구원.

· 김홍찬. 『이노센스』, 한국상담심리연구원.

· 김홍찬. 『자유』, 한국상담심리연구원.

· 김홍찬. 『천로여정』, 한국상담심리연구원.

· 김홍찬. 『허용법칙』, 한국상담심리연구원.

· 김홍찬. 『감정속으로』, 한국상담심리연구원.

· 김홍찬. 『숫자의 비밀』, 한국상담심리연구원.

· 김홍찬. 『부부의 목적』, 한국상담심리연구원.

· 김홍찬. 김원숙 『인체기행으로 하늘나라에 가다』, 한국상담심리연구원.

김군의 마음, 사람편

속사람 겉사람

1판 1쇄 인쇄일 2019년 7월 31일

지은이 김홍찬

발행인 김홍찬

펴낸곳 한국상담심리연구원 (www.kcounseling.com)

출판등록 제2-3041호(2000년 3월 20일)

주소 03767 서울시 서대문구 신촌로 215-2 전진빌딩 3층

대표전화 ☎ 02)364-0413 FAX 02)362-6152

이메일 khc2052@hanmail.net

값 10,000원

ISBN 978-89-89171-31-7 (03230)

CIP CIP2019028512